Klaus Heinrich Kohrs · Camille Saint-Saëns

Caprices 26

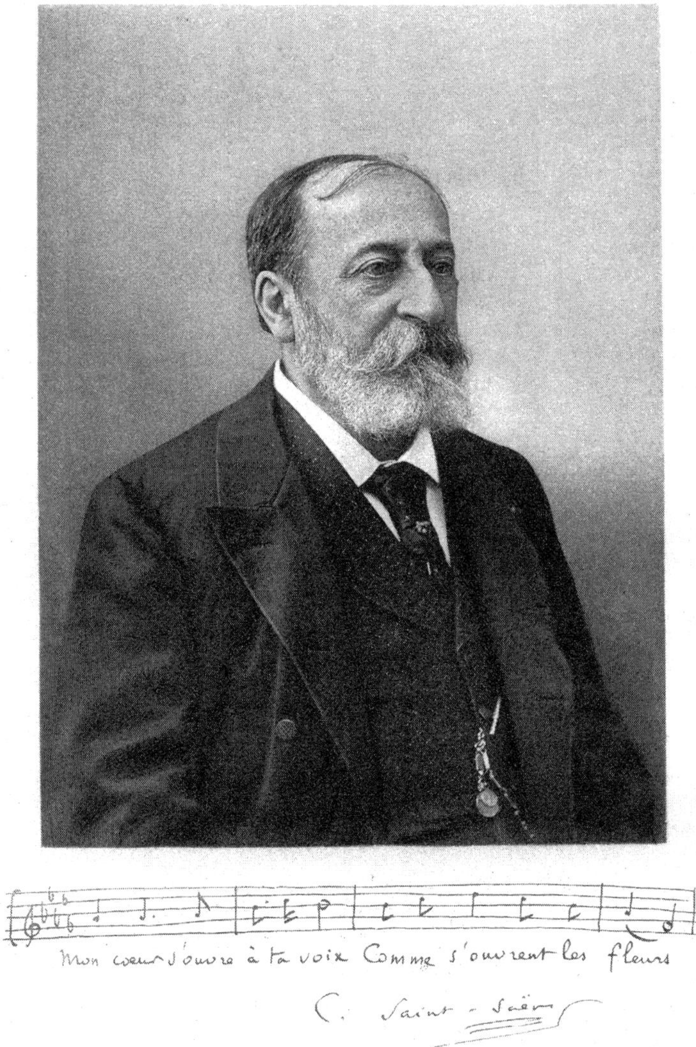

Unbekannter Fotograf, Camille Saint-Saëns vor/um 1892, Heliogravüre, in: *Samson et Dalila,* Frontispiz. Partition Chant et Piano, réduite par l'auteur, Durand et Fils, Paris 1892.

Klaus Heinrich Kohrs

Camille Saint-Saëns
Ästhetik der Distanz

wolke | Caprices 26

Dank an Anselm Gerhard, Jürgen Otten, Christine Tauber und Ferdinand Zehentreiter für motivierende Anteilnahme und freundschaftliche Unterstützung.

Klaus Heinrich Kohrs, geb. 1944, Studium der Musikwissenschaft, Philosophie und Literaturwissenschaft an der Ruprecht-Karls-Universität Heidelberg. 1973 Promotion in Heidelberg über Gattungsentstehung im frühen Mittelalter. Bis 2009 Stellvertretender Generalsekretär der Studienstiftung des deutschen Volkes sowie Leiter des Wissenschaftlichen Programms und der Künstler- und Komponistenförderung; Sekretär der Karl Schmidt-Rottluff Förderungsstiftung Berlin. Forschungsschwerpunkte: Musik des 19. Jahrhunderts, Hector Berlioz, Anton Bruckner, zeitgenössische Bildende Kunst. Neuere Publikationen: *Hector Berlioz' „Les Troyens". Ein Dialog mit Vergil* (2011); *Und alles wandelt sich ins Gegenteil. Hector Berlioz' kontrafaktische Szenen* (2014); *Anton Bruckner. Angst vor der Unermesslichkeit* (2017).
E-Mail: k.kohrs@gmx.net

Inhalt

„Bisweilen verwirrt er uns, aber zugleich wirkt er auch anziehend. Er hat unendlich viele Facetten; und ihn sehr gut zu kennen, heisst niemals, ihn ganz zu kennen" – das schreibt Lucien Augé de Lassus, dem Camille Saint-Saëns die Libretti zu zweien seiner Opern (*Phryné* und *L'Ancêtre*) verdankt, 1914 in seiner kleinen Monographie über den Komponisten, der ein Meister der Abwesenheit und des Verbergens war.[1] Der junge Marcel Proust, knapp der Universität entronnen, hatte schon neun Jahre zuvor in einem Artikel für die Tageszeitung *Le Gaulois* unter dem Titel „Figures Parisiennes. Camille Saint-Saëns" von einem „Herrscher über die Geister der Musik und des Gesangs" gesprochen, der „über alle Geheimnisse gebietet, selbst über das, jedem drohenden Annäherungsversuch rechtzeitig durch Flucht zu entkommen, immer unfassbar zu sein". Was hier spielerisch-koboldhaft, in Allusion an Charles Nodiers fantastische Erzählung *Trilby ou Le Lutin d'Argail*, gedeutet wird, hatte doch gewichtige Gründe. Proust spielt darauf an: „Im Moment des *Ascanio,* als man ihn in Frankreich suchte, durchwanderte er die Kanaren". In der Tat hatte Saint-Saëns die hart erkämpfte Premiere seines fünfaktigen *Ascanio* an der Pariser Opéra versäumt. Nach dem Tod der höchst dominanten Mutter war er in seine wohl tiefste Lebenskrise geraten, die er schließlich mit der Flucht nach Las Palmas, wo er unter falschem Namen fast ein halbes Jahr lang lebte, zu bewältigen suchte. Er löste seine Pariser Wohnung auf und begann – immer schon höchst mobil, aber mit einer Präferenz für Nordafrika – ein Jahrzehnte währendes, die halbe Welt erschließendes Nomadenleben, das zu seiner Habitusform werden sollte.[2]

Aber Proust findet auch eine feine Wendung für Saint-Saëns' Selbstkonzept als Künstler und Künstlerfreund: „Am heutigen Abend, unter dem Decknamen eines liebenswerten verstorbenen Künstlers, den er auferstehen lässt, entzieht er sich erneut unserem Beifall."[3] Proust spricht vom Abend der Generalprobe von Ernest Guirauds krudem Merowinger-Stück *Frédégonde*, das Saint-Saëns nach dem unerwarteten Tod des

Freundes, der nur noch die Hälfte des Werks schreiben konnte, auf einer Reise durch den Suezkanal bis hin nach Saigon vollendet hatte. Physisch war er zwar anwesend in der Opéra, aber als Künstler hatte er sich dem Werk des Freundes, wenn auch nicht distanzlos, anverwandelt.

Vier Werke, die heute kaum jemand kennt, sind in diesen wenigen Sätzen schon genannt worden – ein knappes Drittel von Saint-Saëns' Opernproduktion. Für die These einer „Ästhetik der Distanz" (deren biographische Dimension als eine strukturhomologe hier nur angedeutet wird) sind die dramatischen Werke das beste Erprobungsfeld, denn in ihnen geht es um den angemessenen, reflektierten Ausdruck der *passions*. Sie stehen deshalb im Mittelpunkt dieses Essays. Wie es Saint-Saëns gelang, mit und gegen Hector Berlioz eine eigene konsistente Ästhetik zu entwickeln, wird der geheime Leitfaden dieser knappen Skizze sein.

Prägungen

Zweifellos war er der Begabteste seiner Generation: ein pianistischer Frühstarter, der fast ebenso früh schon mit dem Komponieren begann, offenbar grenzenlos rezeptionsfähig und sehr bald bei Bach, Mozart oder Schumann zuhause war. In der Adoleszenz, als Siebzehnjähriger, erregte er mit einer bereits zweiten Symphonie durch einen glücklichen Schachzug Aufsehen. Der Auswahlkommission der Société Sainte-Cécile anonym vorgelegt und von dieser folglich vorurteilsfrei zur Aufführung in den Société-Konzerten empfohlen, erregte das Werk, dessen Autor auch bei der Uraufführung noch unbekannt blieb, die Bewunderung von Hector Berlioz und Charles Gounod. Beide staunten über die Meisterschaft und vor allem über die Frische der Symphonie, die in ihrem langsamen Satz die Entstehung einer romanzenhaften Klarinetten-Melodie aus dem diffusen Grund eines geheimnisvollen Streichertremolos mit Harfenarpeggien vorführte (so als hätte er Berlioz' „Tableau musical" aus dessen *Orphée*-Kantate und dem späteren Monodram *Lélio* schon gekannt – was unmöglich war) und deren Finale neben etwas ostentativen Fugenkünsten eine hymnisch-triumphale Melodie einführte. Solche eine subtile Arbeit auflösenden Melodien – das konnte 1853 niemand wissen – sollten zu einem Markenzeichen des Komponisten werden. Das 4. Klavierkonzert (1875), die 1. Violinsonate (1885) und die 3. Symphonie (1886) sind prominente Beispiele. Sehr bald folgten ein an George Onslow, aber auch an Robert Schumann orientiertes Klavierquintett a-moll (1855) und zahlreiche geistliche Chorkompositionen, darunter eine breit angelegte Messe des im Jahr seines Symphonie-Erfolgs schon zum Organisten an St. Merry (und später höchst prestigeträchtig an der Madeleine) ernannten jungen Mannes. Früh entstanden bemerkenswerte Lieder (*Mélodies*), vorzugsweise zunächst auf Gedichte von Victor Hugo.

Im Frühjahr 1855 stieg Hector Berlioz viele Treppenstufen zur Wohnung des Neunzehnjährigen hinauf, um diesem die Herstellung des Klavierauszugs seines *Lélio* anzutragen – eine Art Ritterschlag, auf den Saint-Saëns bis an sein Lebensende immer wieder zu sprechen kommen sollte.[4] Die Figur des bewunderten „Grand homme", wie er Berlioz stets nennen wird, soll ihn ein Leben lang begleiten. Noch zwei Monate vor seinem Tod, im Oktober 1921, schreibt er einen letzten langen Text über den Komponisten von *Les Troyens,* als die Pariser Opéra Berlioz' opus summum endlich ungeteilt, mit allen fünf Akten (wenn auch auf seinen Rat hin mit einigen Kürzungen), aufführt.[5] Wir erleben hier modellhaft einen produktiven Kampf der Generationen, der mit dem methodisch schwachen und unanalytischen Begriff des „Einflusses" des Älteren auf den Jüngeren nicht zu fassen ist. Seine Strukturlogik ist Aneignung und Abstoßung. „Poussé en plein romantisme" – mitten in den Gründungsmoment eines enthusiastischen Romantisme geworfen –, habe Berlioz kaum eine andere Wahl gehabt, als bei Byron und Shakespeare seine Ideen zu suchen: Das diagnostiziert Saint-Saëns rückblickend noch 1921. Und ausgerechnet *Lélio,* das Werk, das es dabei am weitesten treibt, wurde dem überbegabten jungen Mann anvertraut. Schon Ende 1881, aus Anlass des Erscheinens von Berlioz' *Lettres intimes* (mit dem sensiblen Vorwort von Charles Gounod) schreibt Saint-Saëns mit Entsetzen von den Identifikationen, die der „Grand homme" zelebriert habe:

> [...] dans une de ses lettres, il appelle Goethe et Skakespeare les „explicateurs de sa vie". Ce mot, quand on y réfléchit, est terrible. [...] À certains moments, ce n'est plus lui qui vit, c'est Shakespeare qui vit en lui. On assiste à un curieux phénomène de mysticisme poétique [...].[6]

> [...] in einem seiner Briefe nennt er Goethe und Shakespeare die „explicateurs de sa vie", seine Lebenserklärer. Das ist, denkt man darüber nach,

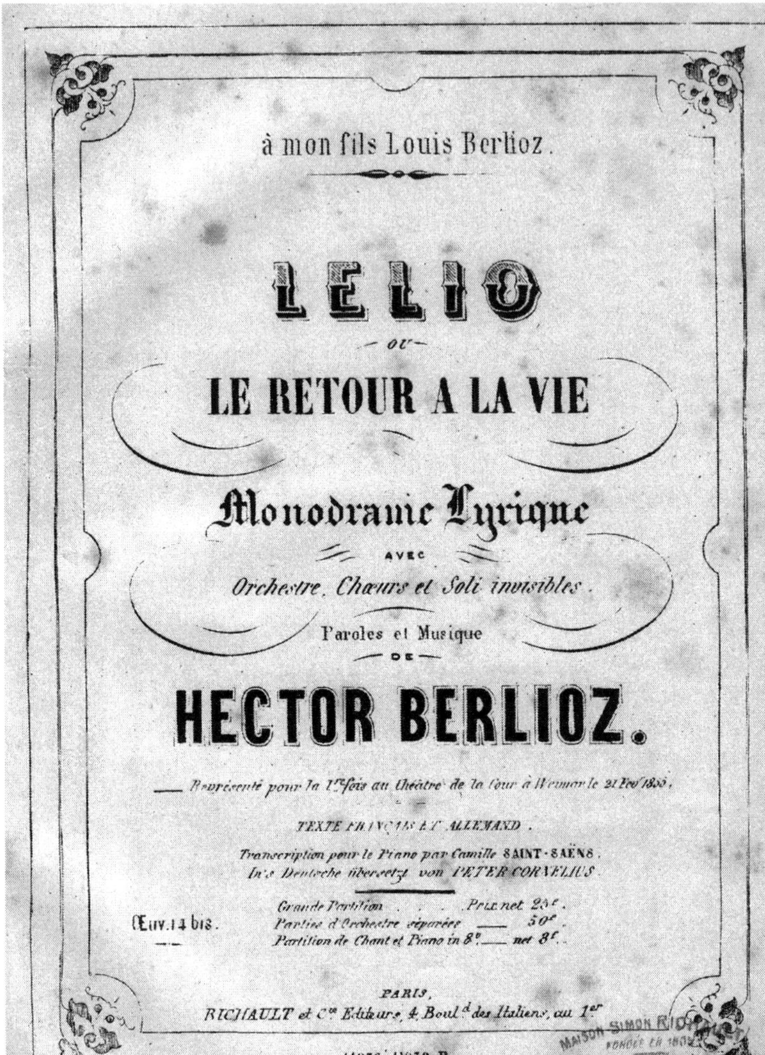

à mon fils Louis Berlioz.

LÉLIO

ou

LE RETOUR A LA VIE

Monodrame Lyrique

avec

Orchestre, Chœurs et Soli invisibles.

Paroles et Musique

de

HECTOR BERLIOZ.

Représenté pour la 1re fois au théâtre de la Cour à Weimar le 21 Fev 1855.

TEXTE FRANÇAIS ET ALLEMAND.

Transcription pour le Piano par Camille SAINT-SAËNS.

In's Deutsche übersetzt von PETER CORNELIUS.

Œuv. 14 bis.

Grande Partition . . . Prix net 25f.

Parties d'Orchestre séparées ___ 50f.

Partition de Chant et Piano in 8o ___ net 8f.

PARIS,

RICHAULT et Cie Editeurs, 4, Bould des Italiens, au 1er

11036 à 11038. R.

Lélio ou le Retour à la Vie. Transcription pour le Piano par Camille Saint-Saëns, Richault et C.IE, Paris 1855. „Dieser *Lélio* […] hat mir den Gewinn der Bekanntschaft des großen Mannes und seiner kostbaren Freundschaft beschert. Ich werde diesem kleinen Werk eine ewige Dankbarkeit bewahren“ (Écrits, 326).

> ein schreckliches Diktum. [...] In manchen Augenblicken lebt nicht mehr er selbst, sondern Shakespeare lebt in ihm. Man wohnt dem merkwürdigen Phänomen eines poetischen Mystizismus bei [...].

Für Berlioz seien die Qualen Fausts, Hamlets und Manfreds nicht imaginär, sondern real gewesen, so wie die Mystiker die Schmerzen von Christi Passion in sich selbst realisiert hätten. Gegenüber einer solchen auf der Schwelle zum Pathologischen stehenden Kunstkonzeption erscheint Distanz, die Wahrung der ästhetischen Grenze, als oberstes Gebot. Die frühe Begegnung mit Berlioz dürfte ein und vielleicht der entscheidende Anstoß für die Entwicklung einer Ästhetik der Distanz und für den Kult der (unbelasteten) Form gewesen sein, wie Saint-Saëns sie zunehmend selbstgewisser formuliert. Aber mit monokausalen Erklärungen sollte man sich nicht begnügen. Wagen wir drei Blicke in ein komplexes Formationsfeld.

1. Eine bedeutende Rolle wird das emotionshemmende Ambiente gespielt haben, in dem das begabte Kind nach dem sehr frühen Tod des Vaters aufwuchs: bei zwei Helikopterfrauen, Mutter und Großtante (seinen „deux mères“), die den Knaben ebenso förderten wie beherrschten. Mit Schaudern erinnerte sich der Komponist Jahrzehnte später daran, wie die Mutter darauf bestand, die an ihn gerichteten Briefe nicht nur selbst zu lesen, sondern dies auch in seiner Gegenwart zu tun – da war er schon Vierundzwanzig. Man möchte sich die Szenen nicht vorstellen. Niemand habe bisher von den dabei ausgestandenen Leiden erfahren, schreibt der Fünfundsiebzigjährige Anfang 1910 an die akut leidende alte künstlerische Weggefährtin und Freundin, die Pianistin Caroline de Serres – ein unbeholfener Trost, der schlagartig, nach dem 100. Geburtstag der Mutter 1909, einen Durchblick auf das durch harte Selbstdisziplin Verborgene eröffnet.[7] Einen anderen, nicht minder signifikanten Einblick in die Situation des Komponisten in seiner ersten Lebenshälfte bis zum Tod der Mutter im Jahr 1888 gibt ein in zeitlicher Nachbarschaft, am 26. Januar aus dem ägyptischen Luxor an dieselbe Adressatin geschriebener Brief, deren Empörung über einen hier nicht zu klärenden Sachverhalt er zu versachlichen sucht. Eine subtiler Machtmechanismus, den Sohn durch einen perpetuierten Leidensgestus an sich zu binden, wird hier sichtbar:

> Vous me rappelez ma chère mère, qui lorsqu'elle n'avait pas de sujets de tourments s'ingéniait à s'en fabriquer d'imaginaires avec un talent déplo-

> rable. Avec une telle tournure d'ésprit, on n'est jamais heureux, et si je vous gronde, c'est que je vous aime et que je voudrais vous voir heureuse.[8]

> Sie erinnern mich an meine liebe Mutter, die mit einer beklagenswerten Gabe imaginäre Leiden produzierte, wenn sie keine Gründe für wirkliche hatte. Mit einer solchen Einstellung ist man niemals glücklich, und wenn ich Sie schelte, dann nur, weil ich Sie liebe und Sie glücklich sehen möchte.

Ob er den Mechanismus wirklich durchschaut hat? Dann hätte er statt „beklagenswerte Gabe“ doch wohl „fatale Gabe“ geschrieben. Doch das ist ein dunkles Feld, das wir hier nicht weiter ergründen wollen und können. Was bleibt, ist der Blick auf das lebensweltliche Pendant zu einer Ästhetik der Distanz: die Selbstdisziplin. Im künstlerischen Handeln schießen sie zusammen.

2. „M. Saint-Saëns possède une merveilleuse, une désolante précision, et pourtant il ne satisfait qu'incomplètement ses auditeurs. Que lui manque-t-il donc?“– „M. Saint-Saëns' Spiel ist von ebenso wunderbarer wie erschütternder Präzision, aber er stellt damit seine Zuhörer nicht vollständig zufrieden. Was nur fehlt ihm?“, schreibt ein Kritiker 1856 über den Zwanzigjährigen, der zehn Jahre zuvor mit einem Mammutprogramm spektakulär an die Öffentlichkeit getreten war: Neben Stücken von Händel, Bach, Kalkbrenner, Hummel hatte er in der Salle Pleyel Mozarts B-Dur-Konzert (KV 450) und Beethovens 3. Klavierkonzert op. 37 gespielt. Dieser frühe Auftritt wird kaum anders gewesen sein. Und von einem „straffen und korrekten Spiel, das nicht ohne Trockenheit ist und nur selten zum Gefühlsausdruck gelangt“, schreibt noch 1862 ein anderer Kritiker.[9] Saint-Saëns' Ausbildung als Pianist nach der Methode Friedrich Kalkbrenners[10] durch dessen Schüler Camille Stamaty, der der Lehrer des Siebenjährigen wurde, beschreibt der Komponist 1912 in einem seiner raren autobiographischen Texte als einen durchaus nützlichen Drill mit imperativer mechanischer Unterstützung (dem „Guide-mains“), dem aber die zahlreich verlangten Ausdrucksnuancen nur aufgesetzt waren – und hier wird ein weiteres Element in der Genese seiner Ästhetik der Distanz sichtbar:

> Aussi fus-je mis au régime du guide-main. [...] C'était une barre fixée en avant du clavier, sur laquelle reposait l'avant-bras, de facon à supprimer

toute autre action musculaire que celle du main. [...] Ce n'est pas seulement la fermeté du doigt que l'on acquerrait avec la méthode Kalkbrenner; c'est aussi la recherche de la qualité du son par le doigt seul [...]. Malheureusement c'est aussi cette école qui a inventé le *legato* perpétuel si faux et si monotone, et l'abus des petites nuances, la manie d'un *espressivo* continuel, appliqué sans discernement. Tout cela révoltait mon instinct naturel; je ne pouvais m'y conformer et on me le reprochait me prédisant que „je ne ferais jamais d'effet", ce qui m'était bien indifférent.[11]

So wurde ich dem Regiment des Handleiters unterworfen. [...] Es handelte sich dabei um einen vor der Klaviatur befestigten Stab, auf welchem der Unterarm ruhte, so dass jede andere Muskelbewegung außer der des Handgelenks vermieden werden konnte. [...] Mit Kalkbrenners Methode erwarb man nicht nur Fingerkraft, sondern auch die Fähigkeit, den rechten Klang der Töne mit dem Finger allein zu finden. [...] Leider hat obige Methode auch jenes so falsche und monotone ewige Legato erfunden, außerdem ein maßloses Nuancieren, die Manie, immerfort Espressivo zu spielen, ohne abzuwägen. Gegen all das lehnte sich mein natürliches Gefühl auf. Ich war nicht in der Lage, mich dem anzupassen, das warf man mir vor und mir prophezeite mir, ich würde „nie Wirkung erzielen", was mir vollkommen egal war.[12]

Dass die hier so pointiert geschilderte Widerständigkeit kein spätes autobiographisches Konstrukt ist – geeignet, früh den künftigen Künstler vom leicht lenkbaren Wunderkind abzusetzen –, zeigt ein Brief Stamatys vom Jahresbeginn 1847 an die Mutter, der besorgt auf genau diesen Widerstand zu sprechen kommt.[13] Wir stehen hier vor einer klassischen Double-bind-Situation, aus der in der Abstoßung überholter Ausdrucksprämissen eine forcierte mechanische Spielweise resultiert, die zu einer eigenen, neuen Ästhetik erst noch gelangen muss. Noch 1915, in Sacha Guitrys propagandistischem Stummfilm *Ceux de chez nous – Die Unsrigen*, der in Einzelporträts die französischen Kulturgrößen der Epoche einer „feindlichen" deutschen Elite gegenüberstellt, sehen wir Saint-Saëns körperlich unbewegt bei gleichzeitig immer noch stupender Fingerfertigkeit am Klavier, so wie es Kalkbrenners „Guide-mains" induziert hatte.[14] Aber dass er längst seine nur ihm eigene Ästhetik gefunden (und in weltweitem Erfolg durchgesetzt) hatte, bezeugt im Dezember 1895 der 24jährige Marcel Proust in der Besprechung eines Conservatoire-Kon-

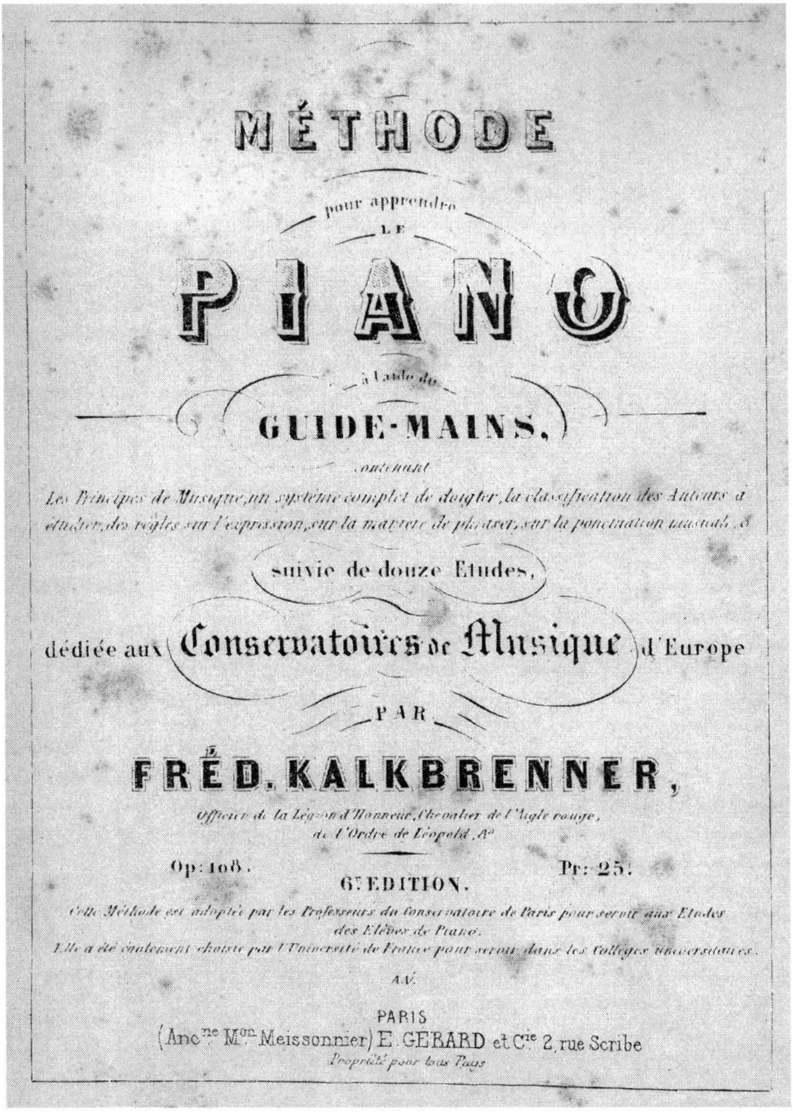

MÉTHODE
pour apprendre
LE
PIANO
à l'aide du
GUIDE-MAINS,
contenant
Les Principes de Musique, un système complet de doigter, la classification des Auteurs à étudier, des règles sur l'expression, sur la manière de phraser, sur la ponctuation musicale &
suivie de douze Etudes,
dédiée aux Conservatoires de Musique d'Europe
PAR
FRÉD. KALKBRENNER,
Officier de la Légion d'Honneur, Chevalier de l'Aigle rouge, de l'Ordre de Léopold, &
Op: 108. Pr: 25f
6e EDITION.
Cette Méthode est adoptée par les Professeurs du Conservatoire de Paris pour servir aux Etudes des Elèves de Piano.
Elle a été également choisie par l'Université de France pour servir dans les Collèges Universitaires.
PARIS
(Ancne Mon Meissonnier) E. GERARD et Cie 2, rue Scribe
Propriété pour tous Pays

Frédéric Kalkbrenner, *Méthode pour apprendre le Piano à l'aide du Guide-Mains,* Meissonnier/Gérard, Paris 1801, zahlr. Aufl.
„So wurde ich dem Regiment des Handleiters unterworfen" (Écrits, 791).

zerts, bei dem Saint-Saëns Mozarts Klavierkonzert A-Dur (KV 488) spielte:

> À la sortie, on voyait beaucoup de gens déçus et qui, ne connaissant pas la raison de leur déception, l'attribuaient à des causes diverses: il a joué trop vite, il a joué trop sec, il avait mal choisi son morceau. Or, voici la raison: c'est que c'était vraiment beau. La vraie beauté est en effet la seule chose qui ne puisse répondre à l'attente d'une imagination romanesque. Toutes les autres choses ne sont pas inférieures à l'idée qu'elle s'en faisait: l'habileté l'émerveille, la vulgarité la flatte, la sensualité la grise, le cabotinage l'éblouit. Mais la beauté s'étant à l'origine des âges unie à la verité par une amitié éternelle n'a point à sa disposition tous les charmes. Quelles déceptions n'a-t-elle pas causées depuis qu'elle apparaît à la foule des hommes![15]

> Am Ausgang traf man auf viele enttäuschte Leute, die die Ursache ihrer Enttäuschung nicht verstanden und nun verschiedene Gründe dafür bemühten: Sein Tempo war zu schnell, er hat zu trocken gespielt, die Wahl des Stücks war unglücklich. Hier der wahre Grund: Sein Spiel war wahrhaftig schön. Die wirkliche Schönheit ist die, die sich den Erwartungen einer romanhaft überspannten Einbildungskraft entzieht. Alles andere befindet sich mit der Vorstellung, die diese sich davon macht, im Einklang: Geschicklichkeit entzückt sie, Banalität schmeichelt ihr, Sinnlichkeit berauscht sie, Komödiantentum blendet sie. Aber die seit Beginn der Zeiten mit der Wahrheit in ewiger Freundschaft verbundene Schönheit verfügt nicht über all diese Verführungskünste. Was für Enttäuschungen hat sie nicht hervorgebracht, seit sie der Menge erschien!

„Un jeu royal" – ein königliches Spiel sei es gewesen, resümiert Proust und erhebt damit in emphatischer antirepublikanischer Stilisierung den Künstler über die „foule des hommes" – die Menschenmenge, die im Sinnlich-Materiellen steckenbleibt. Ein elitistisches Kunstkonzept, das Saint-Saëns – jedenfalls in seiner gesellschaftlich-politischen Dimension – nicht teilte, mit dem er aber früh vertraut war, tritt hier am Ende des Jahrhunderts noch einmal plastisch hervor. Und damit gewinnen wir einen dritten Blick auf das komplexe Formationsfeld.

3. Dieser versetzt uns zurück in die ästhetische Diskussion der 1850er Jahre. Literatur, auch die neueste, war allgegenwärtig in dieser ungewöhnlichen Familie, und so gewiss auch Charles Leconte de Lisles 1852 erstmals erschienene hochfahrende *Poèmes antiques* mit ihrem programmati-

schen Vorwort, das mit dem Romantisme abrechnen wollte. Eine „genau bedachte Rückkehr zu vernachlässigten oder wenig bekannten Formen" wird hier gefordert, in denen „persönliche Empfindungen kaum Spuren hinterlassen haben".[16] Byrons aufrührerische Persönlichkeit erscheint als Negativfolie für eine Rückbesinnung auf Objektivität aus Entpersonalisierung, auf *impersonnalité* und *neutralité*, wie später immer wieder die Kampfworte lauten sollten. Was hier abstrakt-apodiktisch und zugleich elitistisch auftritt, findet der junge Komponist in den 60er Jahren im Kreis der „Parnassiens" in luftigerer Form wieder. Dort wird im Gegensatz zu Leconte de Lisle, der doch überwiegend an steifen Alexandrinern kleben blieb, tatsächlich mit historischen Vers- und Strophenformen des 16. und 17. Jahrhunderts – Villanelle, Rondel, Rondeau, Triolet – experimentiert. Saint-Saëns wird manches aus deren vielfältig-schillernder *L'art pour l'art*-Produktion vertonen, so Henry Cazalis' frivoles „Égalité, Fraternité", aus dem später die symphonische Dichtung *Danse macabre* wird, oder die sechs ebenso luxuriösen wie scharf konturierten *Mélodies persanes* von 1870 auf Gedichte von Armand Renaud, mit denen er auf Berlioz' Sechsergruppe der *Nuits d'été* antwortet. Armand Silvestre wird der Co-Librettist seines *Henry VIII*, Auguste de Villiers de L'Isle-Adam einer seiner Reisegefährten zur *Rheingold*-Uraufführung in München 1869. Der heute weitgehend vergessene Komponist und Musikhistoriker Maurice Emmanuel hat Saint-Saëns, den er gut kannte, 1903 treffend einen „Parnassien de musique" genannt, „bei dem plastische Schönheit, Liebe zur Form, Präzision der kompositorischen Faktur und eine hochmütige Gleichgültigkeit gegenüber persönlichen Empfindungen die Oberhand behalten über lyrische Weitschweifigkeit".[17]

Hören wir dazu Berlioz: „Saint-Saëns hat mich gestern Abend völlig entnervt mit seinem Kalauer: ‚Dis donc ma sœur' (Na sowas, Schwesterherz). Was ist das für eine Art, Musik zu machen! Sich mitten im Stück zu unterbrechen, um über eine Albernheit zu lachen?"[18] Das schreibt Berlioz im Februar 1860 an Pauline Viardot. Er hatte den legendär versatilen Saint-Saëns (über den auch Wagner staunte, als dieser prima vista aus der *Tristan*-Partitur spielte) als Korrepetitor für Proben einzelner Nummern aus *Les Troyens* gewonnen. Bei der großen Konversationsszene Dido/Anna im dritten Akt waren sie im abschließenden Duett an Annas Stelle gekommen: „Didon, ma tendre sœur, pardonne". Die lange Szene handelt von Didos nicht stillzustellender Unruhe, ihrem Schwanken zwischen der Treue zum toten Gatten Sychaeus und der bisher unausgesprochenen Sehnsucht nach neuem Glück. Die Schwester Anna lockt das Bekenntnis zu dieser Sehnsucht schrittweise aus ihr heraus, weicht dann aber mit der Bitte um Vergebung einen Schritt zurück. Didon/Dis donc: Saint-Saëns' Kalauer hat die Funktion der Pathosbrechung im emphatischen Moment der leibhaftigen Realisierung. Grundsätzlich aber signalisiert er eine Ästhetik der Distanz gegenüber aufwendigen lyrischen Explorationen von Seelenzuständen. Und schlaglichtartig wird ein kaustischer Humor sichtbar, für den später der Schwan aus dem *Carnaval des animaux* nur das bekannteste Beispiel ist: Lässt Saint-Saëns mit ihm doch innerhalb seiner Tierparade den Typus des sentimentalen Meditationsstücks erscheinen, wie ihn Gounod mit seinem „Ave Maria" und dann vor allem Massenet mit der „Invocation" (bzw. „Elegie") aus seiner Schauspielmusik zu Leconte de Lisles *Erinnyes* etabliert hatte. Nur der Schwan wird zu Lebzeiten des Komponisten veröffentlicht, den ganzen *Carnaval* hält Saint-Saëns zurück. So kann er mit anderen sentimentalen Ausdrucksstücken, allen voran der „Méditation" aus dem zweiten Akt von Massenets *Thaïs*, in Konkurrenz treten – und behält doch (als „Extrait" aus dem *Carnaval*, so das Titelblatt) in raffinierter Ranküne immer seinen Doppelcharakter aus Sentiment und Ironie.

Eduard Hanslick hat 1876 die Ästhetik ironischer Distanz anlässlich eines Wiener Gastspiels des Komponisten überraschenderweise gerade dort hervorgehoben, wo es sich um ein von ihm stets bekämpftes Genre handelt – die Symphonische Dichtung Liszt'scher Prägung: „Der Anflug von Ironie, womit der Componist bei aller Vorliebe für den zu bearbeitenden Stoff doch zugleich über demselben steht und er so vermeidet, durch übertriebenes Pathos den Hörer ärgerlich und sich selbst lächerlich zu machen, bildet einen bemerkenswerten Charakterzug seines ‚Todtentanzes' und seines ‚Phaëton'".[19]

Ökonomie der Leidenschaften

„Wir hatten unterschiedliche Ideale: Er suchte vor allem die Leidenschaften und das Leben, ich dagegen verfolgte die Chimäre der Reinheit des Stils und der Perfektion der Form", schreibt Saint-Saëns 1885 in einem Erinnerungstext über den ein Jahrzehnt zuvor verstorbenen Freund

Georges Bizet.[20] Wie aber konnte Saint-Saëns' Ideal auf einem Feld sich realisieren, auf dem Leidenschaften und Gefühle die Hauptrolle spielen: der Oper? Wie sich mit einem solchen Postulat behaupten neben einer durchaus bewunderten *Carmen* und neben dem sieben Jahre jüngeren Massenet, der 1877 mit seinem *Roi de Lahore* an der neuen Opéra Garnier regelrecht durchgestartet war, auf welchen 1881 in Brüssel die *Hérodiade* folgen sollte – üppige Ausstattungswerke voller Leidenschaften, bei denen man schon am Ende des ersten Akts nicht wusste, wie diese noch zu überbieten sein sollten. Von „tortillements bassement passionnés" – „leidenschaftlichen Verrenkungen niederer Art" hat später Gabriel Fauré polemisch gesprochen.[21] Saint-Saëns, schon mitten in der Arbeit an seinem *Henry VIII,* der 15 Monate später uraufgeführt werden sollte, berichtete für das republikanische Blatt *Le Voltaire* über die Premiere der *Hérodiade.* Man konnte da von einer großen Bewunderung für eine „musique si essentiellement séduisante" – einer „so von Grund auf verführerischen Musik" lesen, vom Duft der Rose, der Stimme der Nachtigall und dem Flügelschlag des Schmetterlings. Das sei Massenets Domäne. „Wie Salome vor Jean [Johannes dem Täufer], so breitet M. Massenets Muse ihre goldenen Haare vor uns aus und überwältigt uns mit dem Zauber ihres Lächelns, dem unwiderstehlichsten der Welt."[22]

Einwände erhebt Saint-Saëns nur gegen die damit allzu sehr kontrastierende pauschale Gewalt („force violente") der großen Ensembleszenen. Das ist insgesamt durchaus bewundernd gemeint – und zugleich von nur knapp kaschierter Ironie. Erst sieben Jahre später redet er am Ende eines Briefs an seinen Verleger Auguste Durand Klartext, aus dem im Rückblick seine tiefe Beunruhigung sichtbar wird. Kalte Duschen, wie sie in der Psychiatrie zur Anwendung kamen (und wie er sie wohl aus den Therapieplänen der Kuranstalten kannte, die er wegen seiner stets gefährdeten Gesundheit besuchte), empfiehlt er hier auch zu ästhetischen Zwecken:

> [...] ce système d'exagération à outrance dans le sentiment commence à se démoder, et tous ces personnages paraissent malades. des douches! des douches! Comme je m'applaudis déjà de n'avoir pas emboîté le pas! Après la 1ère de Bruxelles, il semblait qu'il n'y eût plus à faire autre chose; et voilà maintenant *Hérodiade* qui pâlit devant le *Tribut de Zamora*! ... Qui l'eût dit?... Qui l'eût cru?[23]

> […] dieses System der äußersten Übersteigerung der Gefühle wird langsam altmodisch, und all diese Bühnenfiguren wirken krank. Duschen! Duschen! Wie froh bin ich doch, dass ich diesem Beispiel nicht gefolgt bin! Nach der Brüsseler Premiere schien es, als gäbe es keinen anderen Weg. Und nun sehen wir die *Hérodiade* verblassen gegen Gounods *Le Tribut de Zamora.* … Wer hätte das vorausgesagt? … Wer hätte das geglaubt?"

Ebenfalls aus einer inzwischen gewonnenen Übersicht gelangt 1890 Charles Malherbe in seiner *Notice sur Ascanio, Opéra de Camille Saint-Saëns* zu einer vergleichenden Charakterisierung der Komponisten. Beide hätten ein ähnlich starkes Talent, aber sie unterschieden sich „par la culture de leur esprit": „der eine strenger in der Form, der andere eher auf den Effekt aus; der eine kraftvoller und männlicher (plus puissant et plus viril), der andere geschickter und sinnlicher (plus habil et plus sensuel)."[24]

Neben der einschmeichelnden Überredungskunst Massenets aber stand eine noch größere Herausforderung auf dem Weg zu einer eigenen Konzeption: die auktoriale Überredungskunst jener unsympathischen, aber mächtigen Gestalt, die Berlioz noch unwillig von sich abgeschüttelt hatte, die nun aber nicht mehr zu ignorieren war – Richard Wagner. Den hatte Saint-Saëns unvergleichlich genauer rezipiert als alle seine Landsleute. Sollte dagegen die klassizistische französische Tradition blass und blutleer sein, die sich auf Gluck berief („Er kennt seinen Gluck fast so genau wie ich", schreibt Berlioz im Januar 1866)[25], mächtige, fast vergessene Figuren wie Étienne Nicolas Méhul und Gaspare Spontini zu Kronzeugen hatte und die mit *Les Troyens* fürs erste zu schließen schien? Hier konnte Saint-Saëns mit dem nur ihm eigenen Scharfblick, mit einer nur ihm eigenen „énergie intellectuelle", so 1883 Edmond Hippeau in seiner Broschüre *Henry VIII et l'opéra français,* ansetzen.[26]

Samson et Dalila, ohne Auftrag auf das Libretto eines Amateurs, dem er ein vollständiges Szenario vorgab, in einem Zeitraum von mehr als zehn Jahren komponiert, Anfang 1876 abgeschlossen und 1877 endlich (wenn auch nur) in Weimar uraufgeführt, ist vielleicht und paradoxerweise deshalb Saint-Saëns' einzige heute wirklich noch präsente Oper, weil sie diese mächtige Tradition jenseits aktueller dramaturgischer Standards aufnimmt. Im ersten Akt, den man „oratorisch" allenfalls wegen seiner einleitenden Klageszene der Israeliten nennen konnte, erstehen mit dem

Helden Samson Spontinis Fernand Cortez aus der gleichnamigen Oper und Berlioz' Père Laurence aus *Roméo et Juliette* neu: Immer ist eine widerstrebende Menge unter eine große Idee zu zwingen – die Eroberung Mexikos, die Versöhnung von Capulets und Montagues, der Freiheitskampf der Israeliten gegen die Philister – und immer ist eine mehrzügige Klimax vom Defaitismus über das Zaudern bis zum enthusiastischen Schwur zu inszenieren. Hier wird eine Ökonomie der Leidenschaften sprechend, muss doch der Protagonist aus einer prekären Lage heraus sich selbst erst „warmreden". Enthusiasmus ist nicht gratis aus dem Fundus der großen „passions" abzurufen, das machen nur die Opernkonfektionäre. Was hier und in Saint-Saëns' späteren Opern vielen Zeitgenossen als trocken und kalt erschien, ist „realistisches" Kalkül unter einem alten Gluck'schen Wahrheitspostulat.

Méhuls „musique de fer", seine von der Unruhe der Revolutionszeit geprägte Technik aggressiv gehämmerter Begleitformeln von scharfer, dissonanter Prägnanz, bestimmt dann im zweiten Akt die Szene Grand Prêtre/Dalila, in der das Unheil Samsons besiegelt wird. Kein Schwanken bleibt bei Dalila zurück, trotz der immer wieder aufgerufenen früheren Liebesbeziehung der Protagonisten. Und wenn sie im 3. Akt den geblendeten ehemaligen Geliebten bösartig mit Zitaten aus ihrem trügerischen Liebesduett quält, dann denaturieren hämische Holzbläser die Melodie nach dem Muster von Berlioz' *Symphonie fantastique*. Glucks barbarische Skythenchöre aus *Iphigénie en Tauride* – eine „musique parlante" der Primitivität – sind schließlich Vorbild für die rauschhafte Beschwörung des Gottes Dagon durch die ekstatischen Philister vor Samsons heroischem Abgang.

Dalila ist eindimensional gezeichnet, wie später in *Ascanio* die Duchesse d'Étampes, die intrigante Mätresse von François Ier und unversöhnliche Gegnerin Benvenuto Cellinis; wie 1901 in *Les Barbares* die rachsüchtige römische Konsulswitwe Livie; oder wie – drei Jahrzehnte später – die böse Ahnin im korsischen Blutrachestück *L'Ancêtre.* Bosheit, ungezügelte Leidenschaft oder Rache sind ihre Triebfedern. Über alte Bindungen oder Verletzungen wird weiter nicht reflektiert. Hier gibt es keine großen Monologe der zweifelnden, schwankenden Selbstbefragung, bei denen die Handlung stillstünde. Es dominieren erbitterte Konversation und vorwärtstreibende Handlung, in denen sich die Charaktere enthüllen. Hugh Macdonald hat in seinem immens materialreichen, die zwölf Saint-Saëns-Opern sowie Nebenwerke und Schauspielmusiken behandelnden Buch *Saint-Saëns and the Stage* immer wieder bedauernd auf verpasste Chancen hingewiesen, den Protagonistinnen solche solitären Szenen zu geben. Aber das war nicht die Dramaturgie desjenigen, der schon bei der Szene Dido/Anna ungeduldig geworden war.

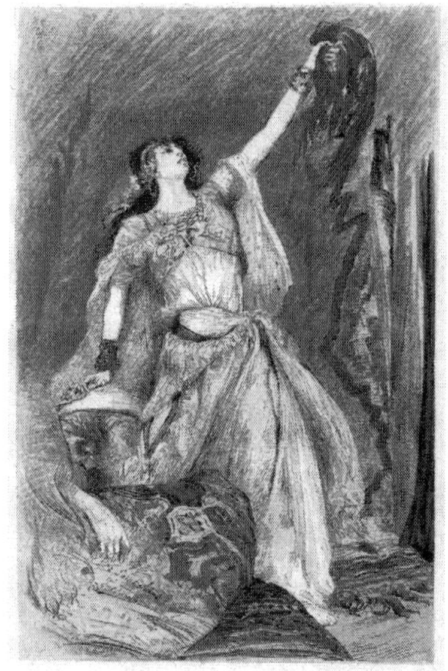

Georges Clairin, *Dalila*, Farblithographie, in: *Samson et Dalila*. Partition Chant et Piano, réduite par l'auteur, Durand et Fils, Paris 1892.

Und doch bleibt die Konzeption Dalilas in gewisser Weise befremdlich. Hier hat in den letzten Jahren zwei Mal die Regie angesetzt und das von Dalila Verdrängte sichtbar gemacht (und damit gezeigt, was „Regietheater", wenn es klug ist, vermag): In Damiano Michielottos Pariser Inszenierung von 2016 schützt die Protagonistin während des Bacchanals den (schon auf der Bühne befindlichen) blinden Samson vor einem Mob, der ihn mit Benzin übergießen will, und am Ende assistiert sie ihm bei der Vernichtung der Philister, indem sie selbst den Brennstoff ausgießt und ihm das finale Zündholz reicht. 2019 ersticht sie an der Staatsoper Unter den Linden (Regie Damián Szifron) rechtzeitig noch den fanatischen Oberpriester, den Komplizen ihres Verrats.

Wagner

1893, als der Wagnérisme noch in voller Blüte steht, zitiert Saint-Saëns genüsslich eine unverkennbare Invektive Gounods gegen Wagner und dessen französische Adepten aus dessen großem, 1890 erschienenen Text über Mozarts *Don Juan*: „Hier erfüllt das Orchester seine wahre Rolle, komplementierend statt invasorenmäßig" – ‚envahisseur' ist das polemische Wort samt seinen die Katastrophe der Niederlage gegen Preußen von 1870/71 aufrufenden politischen Konnotationen. „Es sagt alles, indem es nicht zu viel sagt. Wie weit sind wir hier noch von jener schwergewichtigen, prätentiösen Emphase entfernt, die glaubt, durch Überwältigung rühren zu können, und die Überladung mit Reichtum und Pathos mit Größe verwechselt."[27] Aber an Wagners Orchestersprache führte kein Weg vorbei. Wie bewahrt man ihre Errungenschaften und vermeidet zugleich den totalitären Habitus, „alles kommentieren und alles erklären zu wollen", so Saint-Saëns resümierend in seiner späten polemischen Artikelfolge „Germanophilie" zu Beginn des Ersten Weltkriegs.[28]

Überwältigung spricht in der Tat aus Saint-Saëns' sieben enthusiastischen Berichten von den ersten Bayreuther Festspielen 1876 mit ihren zwei *Ring des Nibelungen*-Zyklen in der bonapartistischen Zeitschrift *L'Estafette.* In einem letzten, achten Artikel vom 5. September erscheint ihm rückblickend das Gesamtwerk als eine „vaste chaîne de montagnes couronnée de neiges éternelles et dorée par les rayons d'un astre inconnu" – als eine „immense Gebirgskette, von ewigem Schnee gekrönt und von den Strahlen eines unbekannten Sterns vergoldet". Das Werk sei kolossal. Sein letzter Teil, die *Götterdämmerung,* übersteige menschliches Maß.[29] Hier wird der Habitus der Distanz auf eine schwere Probe gestellt. Die ganz ungewohnte Emphase impliziert die Kehrseite des überwältigenden Erlebnisses: die zugleich schockhaft erkannte Aufgabe der künstlerischen Selbstbehauptung. So war es Berlioz in den 20er Jahren mit Beethoven ergangen: „Jetzt, wo ich diesen furchterregenden Riesen Beethoven gehört habe, weiß ich, an welchem Punkt die musikalische Kunst steht, es geht nun darum, sie hier zu packen und sie noch weiter zu treiben…, nicht noch weiter, das ist unmöglich […], aber ebenso weit auf einem anderen Weg (dans une autre route)."[30] Aber Saint-Saëns wird anders als Berlioz, dessen „anderer Weg" doch immer ein Weg der Überbietung geblieben ist, auf die Herausforderung reagieren: durch die Wiedergewinnung von Distanz. Massenet hatte sich im Übrigen solchen Erschütterungen gar nicht erst ausgesetzt. Er fuhr erst 1886 zum *Parsifal* erstmals nach Bayreuth.

Kulturpolitisch mahnt Saint-Saëns Selbstbehauptung für die „École française" an (und eröffnet damit eine Argumentation, die später leider chauvinistische Züge annehmen wird): Studieren müsse man die neuen kompositorischen Verfahrensweisen und sie sich anverwandeln („assimiler“), aber in keiner Weise dürfe man sie kopieren.[31] Er selbst stellt sich dieser Aufgabe erstmals voll mit seiner monumentalen historischen Oper *Henry VIII,* dem endlich erkämpften ersten Auftragswerk für die Pariser Opéra, das dort im März 1883 Premiere hat. Ein zweites (und letztes) Mal setzt er auf das Grand Genre Meyerbeer'schen Zuschnitts, nachdem er mit dem in die frühen 70er Jahre zurückreichenden *Etienne Marcel* und dessen frenetischen Pariser Volksaufständen 1879 noch in die Provinz, nach Lyon, hatte ausweichen müssen. Doch es soll ein Meyerbeer auf der Höhe einer aktuellen, elaborierteren und zugleich kühleren Orchestersprache werden.

„Leitmotive“

Eine reflektierte Konstruktion, bei der das Orchester vieles, aber nicht alles zu sagen beansprucht; bei der es oft mehr andeutet als behauptet – das ist eng verbunden mit dem Problem der richtigen Ökonomie der Leidenschaften und Gefühle. Hugh Macdonald hat das kompositorische Verfahren in *Henry VIII* (im Anschluss an Edmond Hippeaus drei Wochen nach der Uraufführung erschienener Analyse) in subtiler Weise skizziert. Der Duc de Norfolk aus der Entourage des englischen Königs entwirft in der ersten Szene der Oper dem frisch eingetroffenen spanischen Botschafter ein Charakterbild Henrys, des künftigen Gattinnenmörders: „Wenn Sie ihn erst kennengelernt haben, wird ihr Entsetzen vielleicht noch größer sein! Dem König ist nichts heilig. Freundschaft, Liebe, Schwüre, alles ist nur Spielmaterial für seine Hemmungslosigkeit“. Saint-Saëns schreibt dazu mit höchster Ökonomie eine gedrängte, „durchkomponierte“ Musik, die subtil jeden angesprochenen Begriff assonieren lässt, und er schafft sich damit in 23 Takten ein Repertoire von gleich fünf kleinen, acht- bis dreitönigen und zur bloßen Geste reduzierbaren Wendungen unterhalb der Prägnanz von „Leitmotiven“, und doch charakteristisch: so zum Beispiel ein tückischer verminderter Septimfall mit aufsteigender kleiner Sekund; oder aufsteigende Kleinsekundschritte in einer absteigenden Tritonus-Sequenz, wenn Norfolk von Henrys Gesetzlosigkeit spricht. Solche Wendungen schwärmen in Bewegung, Gegenbewegung, situativer Erweiterung oder Verengung wie flinke Fische ins ganze Werk aus, das zugleich aber die Dramaturgie geschlossener Szenen behält: so gleich in den folgenden Szenen, wenn die Höflinge sich über den Verrat des Königs an seinem Freund Buckingham austauschen und wenn der spanische Botschafter beim König eingeführt wird. An dramatisch entscheidenden Stellen treten sie explizit hervor: der Septimfall in drei Schritten, wenn im zweiten Akt (II,6) Anne Boleyn das ehebrecherische Versprechen erhält, von der Mätresse zur Königin aufzusteigen – zuerst vermindert, dann als kleine Septim und schließlich in Gegenbewegung als affirmativer Ausruf Henrys ohne Orchester „Ma femme!" – Triumph und Trug zugleich. Die fatale Sekundschrittkette erscheint in fluktuierendem Auf und Ab und in hektischer Beschleunigung, wenn sich bald darauf die Konfrontation der Noch-Königin Catherine mit ihrem gesetzlosen Gemahl ereignet (II,9). Oft aber wirken die musikalischen Elemente, polyphon eingebunden, an der Schwelle der Wahrnehmung. Norfolk hatte in seinem einleitenden Charakterbild des Königs ein offenes Tableau der Motive präsentiert, die sich nicht auseinander herleiten lassen. Das ist die fundamentale Differenz zu Wagners Konzept der Entfaltung der Leitmotive aus einem gemeinsamen Grund, der ein semantisches System und damit Totalität garantiert: Freiheit individueller historischer Charaktere gegen Marionetten des Mythos.

Gegen den Vorwurf, dass die abrupten Wendungen des Königs im Verlauf des Werks unmotiviert blieben und dass es der Musik überhaupt an Tiefe mangele, hat sich der Komponist anlässlich der Pariser Wiederaufnahme der Oper im Juni 1909 grimmig-ironisch verwahrt. Wenn der König den Botschafter offiziell begrüße, nehme das Orchester die Musik aus Norfolks Porträt – sozusagen bestätigend – wieder auf, beleuchte das Innere seiner Seele („éclaire l'intérieur de son âme"). Und weiter:

> Voilà comment, d'un bout à l'autre, l'ouvrage est écrit „en surface" [...]. Pas un mot, pas une scène, a-t-on dit, ne nous ouvre l'âme d'Henry VIII. – Comment! pas même la grande scène entre lui et Catherine, où il joue avec elle comme le chat avec la souris, où il voile de scrupules religieux son envie de se séparer d'elle [...]! pas même la dernière scène avec ses effroyables hypocrisies![32]

> Da sieht man nun, wie das Werk von Anfang bis Ende an der Oberfläche bleibt! [...] Kein Wort, keine Szene, hieß es, öffnet uns die Seele Henrys. – Wie bitte? Nicht einmal die große Szene zwischen ihm und Catherine, in der er wie die Katze mit der Maus spielt, in der er seine Begierde, sich

> von ihr zu trennen, unter religiösen Skrupeln verbirgt […]! und nicht einmal die Schlussszene mit Henrys schrecklicher Heuchelei?“

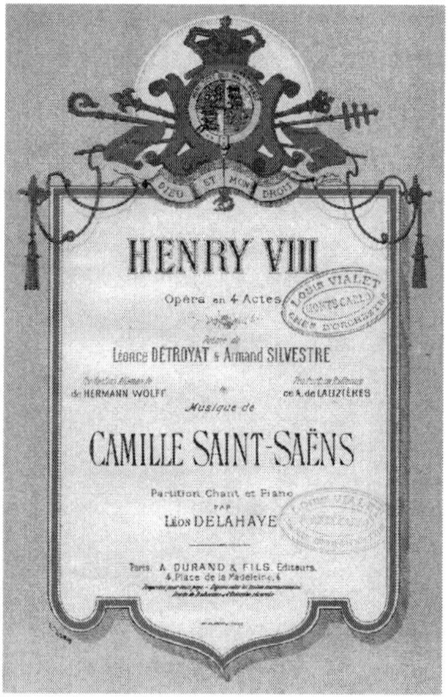

Henry VIII, Titelblatt mit den Devisen des Hosenbandordens mit Hl. Georg und des Englischen Königs als des Ordenssouveräns. Partition Chant et Piano par Léon Delahaye, Durand & Fils, Paris 1883.

Broschüren mit einer fixierenden Benennung der musikalischen Themen nach der Tagesmode – eine Breitseite gegen die Wagnerianer –, habe man freilich nicht verteilt. Das entschuldige natürlich die Kritiker, die dann auch nichts bemerkt hätten.

Ein Höhepunkt mikroskopischer motivischer Arbeit zeigt sich im nur 44 Takte langen düsteren f-moll-Vorspiel zum vierten und letzten Akt, dem symphonischen Nukleus des Werks: Auf engstem Raum erscheinen dort mindestens sieben Elemente – vier aus Norfolks realistischem „Königsporträt“, drei aus dem fatalen Schluss des ersten Aktes, darunter die eintaktige Marsch-Chiffre zum Schafottgang des durch Henry gnadenlos vernichteten Buckingham. Das sind flüssig und in strenger Ökonomie integrierte Signale und damit eine Gegenwelt zu den belehrenden Leitmotiv-Revuen in Wagners *Ring*. Deren episch-redundante Verfahrensweise hatte Saint-Saëns früh schon kennengelernt. Mit den Pariser Wagnerianern der ersten Stunde – u. a. Henri Duparc, Catulle Mendès und dessen Frau Judith Gautier – war er nach der Münchner *Walküren*-Premiere im Juni 1870 zu Wagner nach Tribschen gereist und dort delikaterweise am 19. Juli, dem Tag der Kriegserklärung Frankreichs an Deutschland, eingetroffen. Aber man bewahrte Haltung, immerhin befand man sich in der Schweiz auf neutralem Boden, und der pianistische Alleskönner Saint-Saëns spielte neben Teilen aus *Walküre* und *Siegfried* auch aus der Kompositionsskizze der *Götterdämmerung* die endlos rekapitulierende Nornen-Szene: „Wisst Ihr, wie das ward?" Cosima Wagner und Hans von Bülow haben darüber berichtet.[33]

Hier konnte sich Saint-Saëns à la longue nur in Abstoßung behaupten. Und Berlioz hatte schon mit *Les Troyens* den Weg zu einer Arbeit mit knappen und zugleich semantisch wirksamen Motiv-Chiffren gewiesen, wenn auch in behutsamer Dosierung. Cassandres erster Auftritt nach dem Jubelchor der verblendeten Trojaner begann mit einer hohen Stil signalisierenden Standard-Formel aus der französischen Ouvertüre des Grand Siècle: rascher Skalenaufstieg in Sechzehnteln mit folgendem scharf punktiertem Abstieg. Allein schon aus diesen beiden Gesten ließ sich eine bewegliche Sprache kleiner, offener Motive gewinnen. Oder mit dem Einsatz einer kleinen rhythmischen Formel (in der Berlioz-Forschung zu Recht „rythme d'émoi" genannt), die in signifikanten Varianten und Ableitungen viele Nummern des Werks durchpulst, für einen Moment zeichenhaft heraussticht oder mit ihrem Potential der Beunruhigung in einen komplexen musikalischen Satz eintritt.[34] Mit *Henry VIII* schlägt Saint-Saëns diesen „französischen" Weg entschieden ein.

Den Wagnerianern, die auf eine Bedeutungsfixierung der Motive aus waren, um ihnen Namen geben zu können und sie in Tabellen zu ordnen (so Charles Malherbe später für *Ascanio* und Étienne Destranges für *Proserpine*)[35], war das zu wenig. Zu beiläufig erschien ihnen deren erstes Auftreten, das doch nach ihrer Ansicht nur in Verbindung mit einem charakteristischen szenischen und personellen Moment die erwünschte Fixierung und damit die Wiedererkennbarkeit hätte garantieren können. Dass der erste Auftritt von Henrys Motiven in einer Konversation von Höflingen stattfinde, zeige den fundamentalen Fehler in Saint-Saëns' „System": „On ne définit pas la cruauté et la fourberie d'un despote avec trois fragments d'un dialogue confié à deux comparses qui se chargent de dépeindre le personnage à l'avance, surtout quand ces trois membres de phrase sont aussi peu caractéristiques" – „Man bestimmt die Grausamkeit und die Falschheit eines Despoten nicht mit drei Fragmenten aus einem Dialog zweier Komparsen, die sich mit einer Vorabschilderung der Figur beschäftigen, zumal wenn diese drei Fragmente so wenig charakteristisch sind" – das schreibt Hippeau resümierend in seiner *Henry VIII*-Studie.[36] „Définir", eindeutig bestimmen, ist das entscheidende Wort, mit dem die Differenz von Erwartungshaltung und Saint-Saëns' Verfahren des behutsamen Aufbaus einer komplexen Figur schlagend deutlich wird – nicht zu reden davon, dass der Kritiker die musikalische Faktur nur ungenau („drei Fragmente") identifiziert hat.

Zwei Jahre später, 1885, setzt sich Saint-Saëns – nach vorausgegangenen Presse-Scharmützeln mit Hippeau – in der Einleitung zu seiner ersten Kritiken- und Aufsatzsammlung *Mélodie et Harmonie* kritisch abwägend mit Wagner auseinander. Heftig und politisch wird er in deren „Conclusion", in der er in Hans Sachs' Schlussmonolog aus den *Meistersingern* das Manifest eines unerträglichen „Pangermanisme", einen Kriegsruf gegen die lateinisch-romanische Kultur zu erkennen glaubt. Dass ihm daraus ein halbes Jahr später auf einer Konzertreise durch Deutschland Unannehmlichkeiten entstehen sollten, durfte ihn nicht wundern. Auf der sachlichen Ebene der „Introduction" aber geht es ihm zentral um ästhetische Ökonomie: „tout en admirant la puissance colossale déployé dans *Le Crépuscule des Dieux* et dans *Parsifal*, je n'en goûte pas le style alambiqué, et selon moi, mal équilibré" – „bei aller Bewunderung für die kolossale Gewalt der *Götterdämmerung* und des *Parsifal* – mir missfällt der hochgradig überdrehte und in meinem Verständnis wenig ausgewogene Stil." Von einem Missbrauch der Ressourcen der Kunst bis zu deren Verschleuderung („abusant les ressources de l'art jusqu'au gaspillage") schreibt er in der Folge.[37]

Äußere und innere Handlung

Zwei Werke sind es vor allem, mit denen er seinen eigenen Weg motivisch-polyphoner Arbeit auf der Schwelle von Konstruktion und Ausdruck, von Leidenschaften und Distanz programmatisch weitergeht: mit der im Auftrag der Londoner Royal Philharmonic Society komponierten und im Mai 1886 in der St. James's Hall uraufgeführten *3. Symphonie c-moll* (der „Orgelsymphonie") und mit seinem „Drame lyrique" *Proserpine*, das im März des Folgejahres an der Pariser Opéra-Comique uraufgeführt wird. Die Symphonie gerät ihm zum satztechnischen Bravourstück progressiver Themenmetamorphose (nicht von Ungefähr ist sie dem Andenken Liszts gewidmet), die sich erst am Ende die Emphase des freiliegenden Fortissimo-Orgeleinsatzes und der folgenden fünften, nunmehr hymnischen Hauptthemengestalt erlaubt. Ökonomie allenthalben: Aus den üblichen vier werden zwei Sätze, denn das Adagio setzt schon in der Durchführung des ersten Satzes ein, dasselbe geschieht mit der Folge von Scherzo und Finale: „The composer has sought to avoid thus the endless resumptions and repetitions which more and more tend to disappear from instrumental music under the influence of increasingly developed musical culture“ – das konnten die Hörer und Hörerinnen der Uraufführung im von Saint-Saëns selbst verfassten analytischen Programmtext lesen.[38]

Mit *Proserpine*, einer Kurtisane aus der florentinischen Renaissance, die sich den Namen der Göttin der Unterwelt gegeben hat, löst sich der Komponist von der dickflüssigen Dramaturgie der Grand Opéra – die große Synoden-Szene des dritten Akts von *Henry VIII*, in der der König die Trennung von Catherine und zugleich das Schisma mit Rom besiegelt, hatte ihr ein letztes Mal gehuldigt. Saint-Saëns' flinkes Motivspiel wird sich im beweglicheren und dramaturgisch schlagkräftigeren Genre der Opéra comique, die zum lyrischen Drama geworden ist, ungleich brillanter entfalten – Massenets erfolgreiche *Manon* von 1884 und dessen zeitgleich entstehender *Werther* repräsentieren prominent den aktuellen Stand des Genres. *Proserpine* eröffnet eine Werkgruppe, in der Tragik durch Leichtigkeit, Transparenz und manchmal auch Frivolität in die Balance gebracht wird. Mit dem folgenden brillanten Fünfakter *Ascanio*, ebenfalls ein Renaissance-Sujet um Benvenuto Cellini und François Ier, Künstleroper und pittoreskes Historienstück zugleich, kehrt Saint-Saëns 1890 sogar an die Opéra zurück. Und mit *Phryné* (1893), einer Opéra comique um die Athener Hetäre im vordergründig alten Stil mit gesprochenen Dialogen, lässt er seinem kaustischen Humor die Zügel schießen, wenn er den ersten Akt mit einer programmatisch albernen Offenbachiade schließt.

Eine Kurtisanenoper der Beklemmung und Selbstzensur setzt Saint-Saëns gegen Verdis *La Traviata*: Proserpine liebt, wenn die Oper beginnt, bereits einen Leichtfuß aus der Florentiner Jeunesse dorée, Sabatino, mit dem sie, die sonst nichts auslässt, trotz all seiner Avancen als einzigem bisher nicht metiermäßig verkehrt hat: Vor dem Sprung aus der Halbwelt in die „wahre Liebe“ schreckt sie zurück und verfängt sich dabei in ihren Gefühlen. Sabatino aber hat sich inzwischen auf den Pfad der Tugend begeben, weil er eine engelsgleiche Angiola, die sittenrein in einem Kloster erzogen wird, heiraten will. Eine unsinnige Probe auf seine Läuterung, die Angiolas Bruder Renzo vom Heiratskandidaten verlangt, führt zur

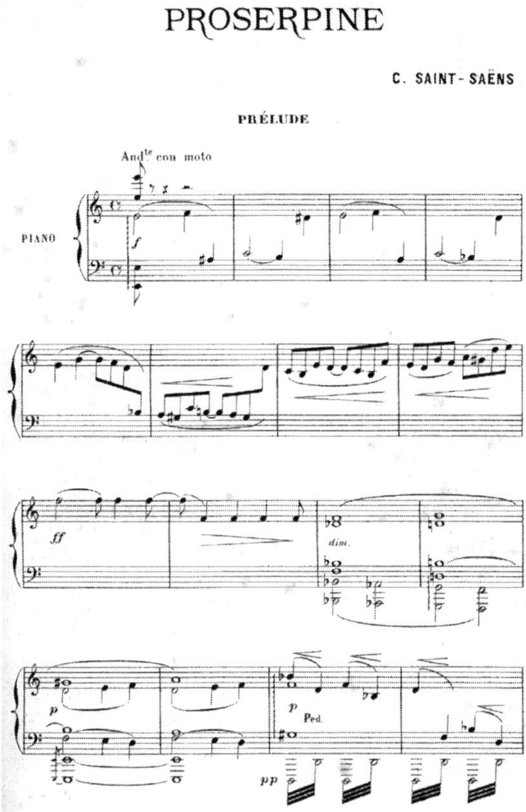

Proserpine, Beginn des Prélude. Partition Chant et Piano par Ph. Bellenot, Durand & Schoenewerk, Paris 1887.
„Quel effrayant démon m'assiège" – „Welch fürchterlicher Dämon quält mich."

zentralen Szene des ersten Aktes, in der Proserpine im Begiff ist, ihr Liebesgeheimnis preiszugeben. Das üble Spiel, das Sabatino mit ihr spielt, droht ihm über den Kopf zu wachsen, und so treibt er die Kurtisane in ihr Metier zurück, indem er (weniger dramatisch als Verdis Alfredo) auf sein Geld hinweist – ein Plot, der sich in der ersten Fassung der Oper „veristisch" mit Mord und Totschlag, in der zweiten (1892) mit edlem Verzicht und dem Selbstmord der Protagonistin löst. Damit entlässt sie, eine tragische Figur in teils banaler, teils burlesker Umgebung, die Liebenden in die überschaubare Mittelmäßigkeit.

Verknappung der Mittel, anders als bei Verdi: kein Brindisi, kein großes Duett der Protagonisten, keine bravourös-fatale „Sempre libera"-Cabaletta am Aktschluss. Immerhin, die fröhliche Gesellschaft der Nichtsnutze treibt ihr Spiel auch bei Saint-Saëns, aber Proserpine erscheint unter ihnen nur noch wie ein Schatten in einer ihr fremd gewordenen Welt. Zwei kurze, selbstversunkene Monologe von 24 bzw. 23 Takten gönnt ihr der Komponist (I,5 und I,7).[39] Diese rahmen den schrecklichen Dialog mit Sabatino. Im ersten fragt sie nach „amour vrai", der erträumten wahren Liebe, im zweiten reflektiert sie die Schmach, die ihr Sabatino inzwischen angetan hat. Wie in *Samson et Dalila* konzentrieren sich Drama und Musik auf den im Betrug endenden Dialog. Nur einmal, in der Peripetie des dritten Akts (III,3), gibt ihr Saint-Saëns einen wirklichen, pathetischen Solo-Auftritt mit allen Ingredienzien eines tonal und im Gestus wild bewegten Accompagnatos. Das nahtlos anschließende Verzweiflungs-Air mit seiner Anrufung der antiken Herrscherin im Totenreich, deren Namen Proserpine für ihr Metier geborgt hat, erscheint aber nur noch als Abbreviatur klassizistischer Vorbilder – von Gluck bis Berlioz. Alles ist konsequent reflektiert.

So auch das 30taktige „Prélude", das wie das *Traviata*-Vorspiel zwei heterogene Themen vorführt, von denen man annehmen kann, dass sie im Werk eine zentrale Rolle spielen werden. Aber was soll man von der einstimmigen, trotz des vom ganzen Orchester kurz angerissenen E tonal nicht klar deutbaren Themenexposition halten, die wie der Beginn einer Fuge mit einem im Kontext allerdings aparten Ausdrucksintervall, einer fallenden verminderten Sext f-ais, daherkommt? Und was von dem schulmäßig folgenden figuralen Kontrasubjekt, das in der Luft hängt, weil kein Comes sich einstellt? Stehen die so magistral und zugleich beunruhigend daherkommenden zehn Takte für die Dialektik von Disziplin und latentem Ausdrucksbegehren auf knappstem Raum – und wären damit ein formelhaft verdichtetes Zeichen für Saint-Saëns' Ästhetik? Wie ist – beim zweiten Thema – der in b-moll einsetzende, chromatisch geschärfte Vierton-Aufstieg zu deuten, den ein düsterer Bassgang der Posaunen in Halben kontrapunktiert? Von diesem erscheint die Oberstimme, aus ihrer unheilvollen Verspannung gelöst, in rhythmischer Belebung, wechselnder Harmonisierung und um drei finale Töne erweitert im Werk häufig wieder: zuerst, wenn die Protagonistin in der zweiten Szene wortlos an den über einen möglichen Liebhaber spekulierenden Freiern vorübergeht, dann als viertaktige Einleitung zu ihrem Monolog über „amour vrai" mit seiner sehnsüchtigen Dreiklangsmelodik (I,5). In den letzten Takten des Werks aber kehrt sie zu ihrer Ausgangsgestalt zurück. Das

„Fugen"-Thema und insbesondere sein dreitöniger Kopf, dessen verminderte Sext variabel zur kleinen oder großen bzw. zur verminderten Septim werden kann, dominiert das Werk in immer neuen, präzise auf die jeweilige dramatische Situation reagierenden bzw. diese selbst erst artikulierenden Gestalten. In Krisenmomenten erscheint sie reduziert auf die gehämmerten ersten drei Töne. Dass es ein Porträt Proserpines ist, erfahren wir, wie bei *Henry VIII,* zunächst beiläufig am Ende der ersten Szene, wenn die Freier von den kapriziösen Launen der Kurtisane sprechen. Hier ist das Thema schon rhythmisch flüssiger. In seiner ersten Gestalt aber kehrt es, und mit ihm fast das ganze „Prélude", in Proserpines zweitem Monolog (I,7) über die ihr angetane Schmach wieder: „Quel effrayant démon m'assiège" – „Welch fürchterlicher Dämon quält mich". Da ist sie wieder am Ausgangspunkt der lähmenden Verstrickung – ohne Comes.

Der lange Dialog mit Sabatino, der sich in tragischer Spiegelung im vierten Akt wiederholen wird (IV,2), zeigt Saint-Saëns auf dem Höhepunkt der zu diesem Zeitpunkt nur ihm eigenen „leitmotivischen" Ausdrucksmöglichkeiten: Die drei Themen bzw. Motive bilden eine selbständige semantische Schicht: In T. 39 ff. folgen auf die heftigen wechselseitigen Vorwürfe der Dialogpartner das aus der Starre befreite zweite Thema des „Prélude", das Fugen-Thema in seiner vollen Ausdehnung, jedoch mit variiertem „Kontrasubjekt" und schließlich in direktem Anschluss die dreiklangsgeprägte Melodie von „vrai amour". Jedoch: „Aimer – jamais!" ruft Proserpine dementierend dazu aus. Aber setzt sie sich wirklich in Widerspruch zur Musik? Gibt diese nicht eher den Maßstab, an dem Sabatino gerade zu scheitern im Begriff ist? Im krisenhaften Moment (T. 98 ff.), in dem Proserpine hypothetisch von tatsächlicher Liebe und deren Verrat spricht, verschränkt sich ihr drei Mal repetierter Dreiton-Themenkopf mit den lange zuvor eingeführten luftig-springenden Achteltriolen Sabatinos zu einer Chiffre des Unheils: feinste Detailarbeit.

An überraschendem Ort, im ägyptischen Alexandria, lässt sich der Komponist 1902 anlässlich einer dort stattfindenden Aufführung der nunmehr zweiten Fassung der *Proserpine* in einer zehnseitigen Broschüre auf sein kompositorisches Verfahren ein. Nachdem er zunächst grundsätzlich zwischen „innerer" und „äußerer" Handlung unterschieden hat, schreibt er zur Tiefendimension seiner Musik:

Il serait facile de faire une analyse détaillée de la musique de *Proserpine,* de montrer comment, au moyens de „thèmes“ multiples, incessamment modifiés et enchevêtrés de mille façons, l'auteur a cherché à rendre les sentiments inexprimés des personnages.

Eine detaillierte Analyse der Musik von *Proserpine* wäre leicht zu bewerkstelligen; zu zeigen, wie der Autor mittels mannigfacher, unablässig und auf tausendfache Weise veränderte und ineinander verflochtene „Themen“ versucht hat, die unausgesprochenen Gefühle der Figuren darzustellen.

Aber der „dissections“, der Sezierungen, wie sie so sehr in Mode seien (eine neuerliche Spitze gegen die Wagnerianer), bedürfe es nicht. Der Hörer dürfe sich mitreißen lassen

par le torrent musical comme un batelier se laisse aller au fil de l'eau, sans s'inquiéter de la composition chimique de l'eau qui le porte, des êtres et des choses qu'elle peut renfermer dans son sein.[40]

vom musikalischen Sturzbach, so wie ein Flösser sich im Wasser treiben lässt, ohne sich von der chemischen Zusammensetzung des ihn tragenden Elements und von den Lebewesen beunruhigen zu lassen, die es möglicherweise birgt.

In einer vordergründigen Lesart scheint es sich hier um das übliche Künstler-Ressentiment gegenüber analysierenden Theoretikern zu handeln, aber die Metapher des fließenden Wassers mit seinen verborgenen Lebewesen bezeichnet doch präzise Saint-Saëns' Konzept einer wandlungsreichen Motivtechnik, die nichts fixiert und die deshalb so geeignet ist für die Evokation komplexer individueller Seelenlagen. Das unterscheidet sein Konzept grundsätzlich von der Tiefendimension der Wagner'schen Tetralogie, die eine mythologisch-determinierende ist und in der die meisten der Figuren nur zu handeln glauben.

Eklektik. Ein anderer Weg

Kehren wir noch einmal zurück zur Einleitung von *Harmonie et Mélodie* von 1885. Nicht nur um eine Ästhetik der Ökonomie ging es – gegen Wagner – dort, sondern auch um die Ideologie der „musique de l'avenir", der Zukunftsmusik und um deren fundamentale Voraussetzung: den Glauben an einen ebenso notwendigen wie unaufhaltsamen linearen Fortschritt („progrès continu") der Kunst, als dessen Speerspitze Wagner und die *Wagnériens* sich sahen. Die Musikgeschichte wird sich in dieser Ideologie ihrer selbst bewusst. Das vergangene Gute ist in ihr aufgegangen, das Schlechte ausgeschieden. Wer sich an diesem Punkt wähnt, der glaubt, das Recht zu ästhetischen Verdikten gegen das „Veraltete", Abgelebte zu haben. „[…] la critique wagnérienne est singulièrement intolérante; elle ne permit pas ceci, elle interdit cela […]" – „[…] die Wagner'sche Kritik ist in einzigartiger Weise intolerant; sie erlaubte dies nicht, verbot jenes […]."[41] Saint-Saëns reklamiert dagegen eine Position der Freiheit des Umgangs mit der Geschichte aus der höheren Warte einer Liebe zur Kunst gleich welcher Epoche – und er führt dabei polemisch den Begriff einer Eklektik ein, die aus allem schöpfen darf:

> Au fond, ce n'est ni Bach, ni Beethoven, ni Wagner que j'aime, c'est l'art. Je suis un éclectique. C'est peut-être un grand défaut, mais il m'est impossible de m'en corriger; on ne peut refaire sa nature. De plus, j'aime passionnément la liberté, et ne puis souffrir qu'on m'impose des admirations.[42]

> Im Grunde genommen sind es nicht Bach, Beethoven oder Wagner, die ich liebe, sondern die Kunst an sich. Ich bin ein Eklektiker. Das ist vielleicht ein großer Fehler, aber ich kann mich unmöglich ändern; man kann nicht wider seine Natur. Und obendrein liebe ich leidenschaftlich die Freiheit und kann es nicht ertragen, wenn man mir eine Bewunderungshaltung aufzwingen will.

28 Jahre später, 1913, wird er dazu in seinem Aufsatz „L'Évolution musicale" für die Tageszeitung *L'Écho de Paris* ultimative Formulierungen finden. Berlioz' „autre route" von 1829, als es um den Kampf mit dem Giganten Beethoven ging und noch nicht um die Ideologie eines notwendigen linearen Fortschritts, erscheint hier kaum zufällig wieder. Eklektik setzt

Distanz voraus, wenn sie sich nicht mit blinder Imitation begnügen will. Nun soll gerade sie kreativ werden für ein utopisches Projekt einer umfassenden Synthese:

> Non, l'évolution n'est pas terminé: mais, il faut prendre une autre route. Il faut, non pas revenir en arrière, mais se retourner pour regarder en arrière et fondre en un art suprême, avec l'art présent, tous les arts du passé. [...] il faut, en un mot, de tous les moyens graduellement conquis par l'art musical, faire une vaste synthèse. Ce ne sera pas l'ouvrage d'un jour.[43]
>
> Nein, die Entwicklung ist nicht an ihr Ende gekommen: aber ein anderer Weg ist einzuschlagen. Nicht zurückzugehen, ist die Devise, sondern eine Kehrtwendung zu vollziehen, um zurückzuschauen und mit den derzeitigen Mitteln der Kunst alle Künste der Vergangenheit zu einer überragenden Kunst zu verschmelzen. [...] Kurz gesagt: Es ist notwendig, aus allen Mitteln, die die musikalische Kunst nach und nach erworben hat, eine umfassende Synthese zu bilden. Das wird nicht das Werk eines Tages sein.

Als sich in den 1970er Jahren die kontroverse Konstellation von verbotsfreudiger Fortschrittsideologie und freier Verfügbarkeit des Materials nach der Willkür des Künstlers wiederholte, kannten die damaligen Protagonisten Saint-Saëns' ästhetische Position vermutlich kaum, sicher aber seine Texte nicht. Die Metapher vom „anderen Weg" jedoch kehrt typischerweise wieder, wenn Manfred Trojahn 1999 rückblickend schreibt:

> Seit Mitte der 70iger Jahre hat sich die beschriebene Situation dergestalt verändert, daß der Kult des Neuen [...] Irritationen erlitt durch Komponisten, deren Ehrgeiz eine andere Richtung nahm und die dem Neuen, Unerhörten auf anderen Wegen nachspürten und ihr Persönliches auf der Folie durchaus bekannter Muster versuchten zum Ausdruck zu bringen. Es wäre ein Fehler, davon zu reden, es hätte sich dabei eine Revolution ereignet, vielmehr wandte sich der Blick fort vom eigenen Bauchnabel, dorthin, wo musikgeschichtlich Anknüpfungspunkte zu finden waren, auf die die Generation zuvor meinte verzichten zu können.[44]

Auch wenn die Utopie der umfassenden Synthese dem skeptischen Trojahn fremd bleibt (beim Allesumarmer Wolfgang Rihm sieht das schon anders aus): Der um die Wende zum 20. Jahrhundert als konservativ gel-

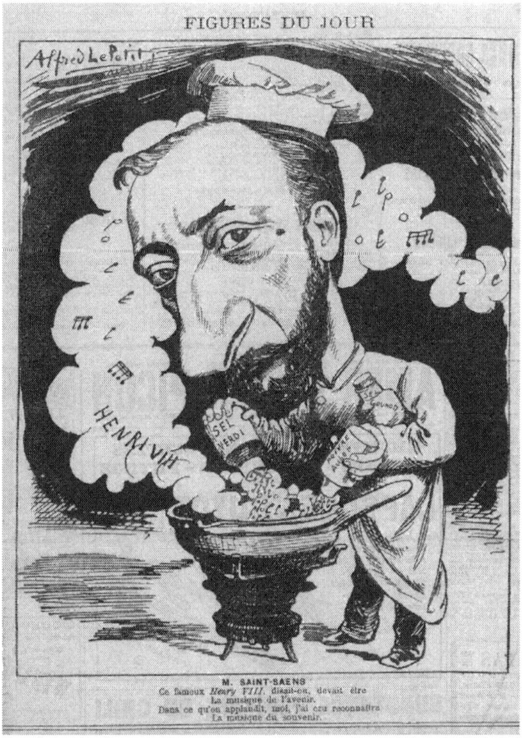

Alfred Le Petit, Figures du jour. M. Saint-Saëns. Lithographie, *Le Charivari,* 3 avril 1883, 3.
„Dieser berühmte *Henry VIII,* hieß es, sollte die Musik der Zukunft sein. In dem, was man beklatscht, glaubte ich die Musik der Erinnerung zu erkennen."

tende und von Claude Debussy geschmähte Saint-Saëns zeigt sich hier als Theoretiker einer anderen Moderne.

In seiner Broschüre zu *Henry VIII* hatte Edmond Hippeau den Begriff „éclectisme" pejorativ gebraucht. Saint-Saëns habe es allen recht machen wollen, den „Italomanen" wie den strengen Wagnerianern: „il y en a pour tous les goûts" – für jeden Geschmack sei etwas dabei. Das bedeutet: Opernmelodien in geschlossenen Formen für die Konservativen und symphonische, durchkomponierte Musik für die Fortschrittlichen; Arien und Leitmotive, Ohrenkitzel und strenge Arbeit Seite an Seite – „Talent allerorten".[45] Saint-Saëns wendet den Begriff in polemischer Umkehr ins Positive: Eine produktive, zukunftsweisende Eklektik von synthetischer Kraft, zu der es mehr braucht als Talent, ist sein ästhetisches Programm.

Im Kunstwerk hatte Saint-Saëns schon mehr als drei Jahrzehnte vor seinem Text von 1913 über die musikalische Evolution eine „vaste synthèse“ zu realisieren versucht. Für das Birmingham Festival, bei dem Händel’sche Oratorien und Mendelssohn’scher Historismus die Fixpunkte waren, vertonte er 1879 Victor Hugos Ode „La Lyre et la Harpe“ von 1822, die dem leidenschaftlichen Hugo-Leser und Gedichte-Vertoner von Jugend auf vertraut war. Hugo gab hier ja selbst programmatisch eine solche Synthese als Aufgabe für den Dichter vor, der aus zwei Kulturen, der antiken und der christlichen, zu schöpfen habe, wenn der „art suprême“, die „überragende Kunst“ entstehen solle: „Dire à l’écho du Pinde un hymne du Carmel“ – „Dem vom Pindus her erschallenden Echo mit einer Hymne vom Karmel antworten“ – damit endet die hochtönende Ode, deren Enigmatik sich am denkbar wenigsten für eine Vertonung zu eignen scheint. Aber „antik“ versus „christlich“ heißt für Saint-Saëns auch „mediterran“ versus „nördlich“, und so kann er, wenn Hugo bei seiner Revue der Spiegelungen der beiden Kulturen am Ende zur Todesthematik gelangt, die heitere Gelassenheit der Antike mit einem Tanzlied, einer spanischen Jota, charakterisieren, die Furcht des Sünders vor dem Nichts aber mit Chorpolyphonie wie aus einer Passionsmusik. In dieser Logik beginnt auch das Werk: Auf einen einstimmigen archaischen Beginn der Orgel in e-moll, aus dem im zweiten Anlauf eine Fugenexposition wird, antwortet in B- und dann in G-Dur eine „moderne“, schillernde Musik befreiter Sprungmotive der Holzbläser über hohen Streichertremoli und Harfenarpeggien. Auch später wird die Antike immer wieder als die wahre Moderne erscheinen, bis hin zu Allusionen an Wagners *Rheingold*-Vorspiel. Am Ende aber, wenn es an die Formulierung der obersten Aufgabe des Künstlers geht, wählt der Komponist eine a-cappella-Vokalpolyphonie, mit der er Besonnenheit im Enthusiasmus, Distanz in den Leidenschaften empfiehlt.

Eine Visitenkarte seiner Ästhetik lieferte Saint-Saëns in einem herausragenden Moment, bei der Uraufführung seines 2. Klavierkonzerts g-moll am 6. Mai 1868 unter der Leitung von Anton Rubinstein, mit dem ihn seit dessen ersten Pariser Auftritten in den 1850er Jahren eine Künstlerfreundschaft verband – hatten beide doch die gleiche Jugendgeschichte frühen Pianistentalents und früher Kompositionsversuche. Saint-Saëns hat 1895 in einem Nachruf auf den verstorbenen, ihm schon vorher fast entschwundenen Freund (einem seiner schönsten Texte) die Entstehungsgeschichte des Werks erzählt. Acht Konzerte hatte der kosmopolitische Klaviervirtuose, ambitionierte Komponist (auch von Opern) und Dirigent im März und April in Paris gegeben. Saint-Saëns hatte, wo es nötig war, die Orchesterleitung übernommen. Nun sollen die Rollen nach Rubinsteins Vorschlag getauscht werden, und Saint-Saëns schreibt, zehn Jahre nach dem ersten, in drei Wochen sein zweites Klavierkonzert. Ein freundschaftlicher Paragone findet statt. Wie auf die hochvirtuosen Klavierkonzerte Rubinsteins – dessen viertes war gerade noch, am 12. April, im Conservatoire-Saal erklungen – reagieren?[46] Wie das Eigene behaupten gegen die von Melancholie und Tastendonner geprägten Virtuosenstücke von zwar bewundernswerter, aber stilistisch doch eher linearer Machart? Rückblickend findet Saint-Saëns für die ästhetischen Differenzen ein schönes Bild: „Lui athlétique, infatigable, colossal de stature comme de talent, moi frêle, pâle et quelque peu poitrinaire, nous formions à nous deux un couple analogue à celui qu'avaient montré naguère Liszt et Chopin" – „Er athletisch, nicht zu ermüden, kolossal an Statur und Begabung, ich zart, blass und leicht tuberkulös, wir zwei bildeten ein Paar ähnlich dem, das Liszt und Chopin einst waren." Sei Liszt ein Adler gewesen, so Rubinstein ein Löwe.[47]

Mit einem großen Solo steigt Saint-Saëns in sein Konzert ein: zunächst ein retrospektives, erst ein- dann zweistimmiges figurales Prélude über einem Orgelpunkt auf G; dann, in fließendem Übergang, eine virtuose, immer aber transparente Kadenz, in der – auf eine Großterz verengt – der Kopf des späteren Hauptthemas ostinat angekündigt wird; endlich Akkordschläge des Orchesters und ein punktiertes Tutti-Motiv von heroischem Zuschnitt. Hier stellt sich der Organist der Madeleine mit einer Bach-Reminiszenz, der zeitgenössische souveräne Pianist und schließlich der Symphoniker mit einem Gestus aus der Höhenlage der *Coriolan*- oder *Manfred*-Ouvertüre vor: ein Selbstporträt als ästhetisches Manifest. Mit „symphoniste, organiste, pianiste" wird er Jahrzehnte später sein „Profil" im Jahr 1868 charakterisieren.[48] Da hatte er erst eine Oper, *Le Timbre d'argent*, geschrieben, auf deren Uraufführung er bis 1877 warten musste. Welche Bedeutung er diesem musikalischen Selbstporträt beimaß, zeigt die Tatsache, dass er es 1904 für seine ersten Aufnahmen im Pariser Studio der *Gramophone and Typewriter Company* auswählte. Wir können ihn noch heute spielen hören.[49]

In bislang nicht wieder erreichter Hellsichtigkeit hat der junge Marcel Proust 1895 in seinem Porträt-Artikel für *Le Gaulois* Saint-Saëns' Ästhetik der Amalgamierung des Neuen mit dem Alten charakterisiert:

> [...] faire octroyer ainsi par l'archaïsme ses lettres de noblesse à la modernité; donner peu à peu à un lieu commun la valeur d'une imagination originale par la propriété savante, singulière, sublime, de l'expression, faire d'un archaïsme un trait d'esprit, une idée générale, le résumé d'une civilisation [...][50]

> [...] der Moderne auf diese Weise mit einem Archaismus ihren Adelsbrief zu verleihen; durch die gelehrte, einzigartige, erhabene Fähigkeit des Ausdrucks einen Gemeinplatz Schritt für Schritt zu einer originellen Eingebung zu nobilitieren; aus einem Archaismus einen Geistesblitz, eine allgemeine Idee, das Resümee einer Zivilisation zu machen [...] –

das sei hier die genuine Leistung. Auf Saint-Saëns' Ode *La Lyre et la Harpe*, die Proust in seinem Text kurz zuvor als ästhetischen Wegweiser einführt, scheint das gemünzt – ebenso aber auch auf das Prélude der *Proserpine.*

Kurtisanen, Abgründe und Arabesken

In seiner *Proserpine*-Broschüre von 1902 für das Theater von Alexandria hat Saint-Saëns weitreichende philosophische und moraltheologische Überlegungen zum semi-tragischen Sujet des Werks angestellt, die seinem eindimensionalen Helden Sabatino fremd bleiben mussten – Überlegungen zum Fond, der „action intérieure", über den Autor und Rezipienten zu reflektieren zu haben:

> Voici une créature innocente, douce, utile et inoffensive, la brébis [Angiola]; et en voici une autre, nuisible et cruelle, la tigresse [Proserpine]. Où est l'élégance, où est la beauté? où la noblesse des formes et du regard? c'est la bête sanguinaire qui est admirable, le doux être n'est que joli et sympathique.

> Wir haben hier eine unschuldige Kreatur, sanft, nützlich und harmlos, das Schäfchen [Angiola]; und hier eine andere, schädlich und grausam, eine Tigerin [Proserpine]. Bei wem liegt die Eleganz und die Schönheit? Bei wem der Adel der Formen und des Blicks? Es ist die blutrünstige Bestie, die bewundernswert ist; das sanfte Wesen hingegen ist nur hübsch und nett.

„Proserpine, c'est la nuit, la nuit plus belle que le jour"– „Proserpine ist die Nacht, die Nacht, die viel schöner als der Tag ist", so seine abschließende Formel.[51] Erst der Sündenfall und die Vertreibung aus dem Paradies habe diese Schönheit hervorgebracht. In Abgründe blicke man da, aber „il est permis de contempler de près, les cheveux hérissés de terreur, ces redoutables questions, d'en tirer les élements du Drame et des arabesques de l'art" – „es ist erlaubt, aus der Nähe, mit angstgesträubtem Haar, diese furchtbaren Fragen zu bedenken und aus dem Horror heraus die Elemente des Dramas und die Arabesken der Kunst zu gewinnen". Es sind genuin weibliche Abgründe, in die Saint-Saëns blickt: die Verführte und Verführerin zugleich, Eva im Paradies (so im Gedicht „Adam et Ève" aus den während der Krise nach dem Tod der Mutter entstandenen und 1890 erschienenen *Rimes familières*); die Verführerin Dalila im ebenso höllisch-schönen wie gnadenlosen zweiten Akt von *Samson et Dalila* unter fernen, unheilvollen Blitzen; aber auch die teuflische Tänzerin und Kurtisane Fiammetta (mit ihrem engelsgleichen Gegenbild Hélène) in seinem Erstling *Le Timbre d'argent*, der wie Gounods *Faust* und Offenbachs *Les Contes d'Hoffmann* zum fantastischen Genre aus der Manufaktur von Jules Barbier und Michel Carré gehört. *Samson* und vor allem *Proserpine* aber sind selbstergriffene oder sogar selbstgefundene Sujets – letzteres nach einem Gedicht von Auguste Vacquerie, das Saint-Saëns von seinem Librettisten Louis Gallet, mit dem ihn künstlerisch mehr als eine pragmatische Arbeitsbeziehung verband, bearbeiten ließ. Sein Sekretär und Biograph Jean Bonnerot hat darüber ausführlich berichtet, und der Komponist hat den somit autorisierten Bericht 1913 in seine Aufsatz- und Kritikensammlung *École Buissonnière* aufgenommen.

„Elemente des Dramas und Arabesken der Kunst" – in dieser Formulierung, die das leichte ornamentale Rankenwerk mit dem Schicksalhaft-Schweren gleichordnet, wird Saint-Saëns' Strategie der Distanz schlagartig deutlich: Auf die tragische Florentiner Kurtisane Proserpine von 1887, die sich mit ihrem *nom de guerre* nur ein antikes Kostüm zugelegt hat, folgt 1893 die heitere tatsächlich antike Kurtisane Phryne, die von Eva und dem Sündenfall nichts weiß: *Phryné* wird ein Werk von bizarrer Ausgelassenheit, eine „petite drôlerie", wie Saint-Saëns später an Caroline de Serres schreibt.[52] Der Stückeschreiber, Reisende und Polyhistor Lucien Augé de Lassus hatte das sprachlich delikate, geradezu arabeskenhafte Verslibretto, offenbar unter dem Eindruck der gerade uraufgeführ-

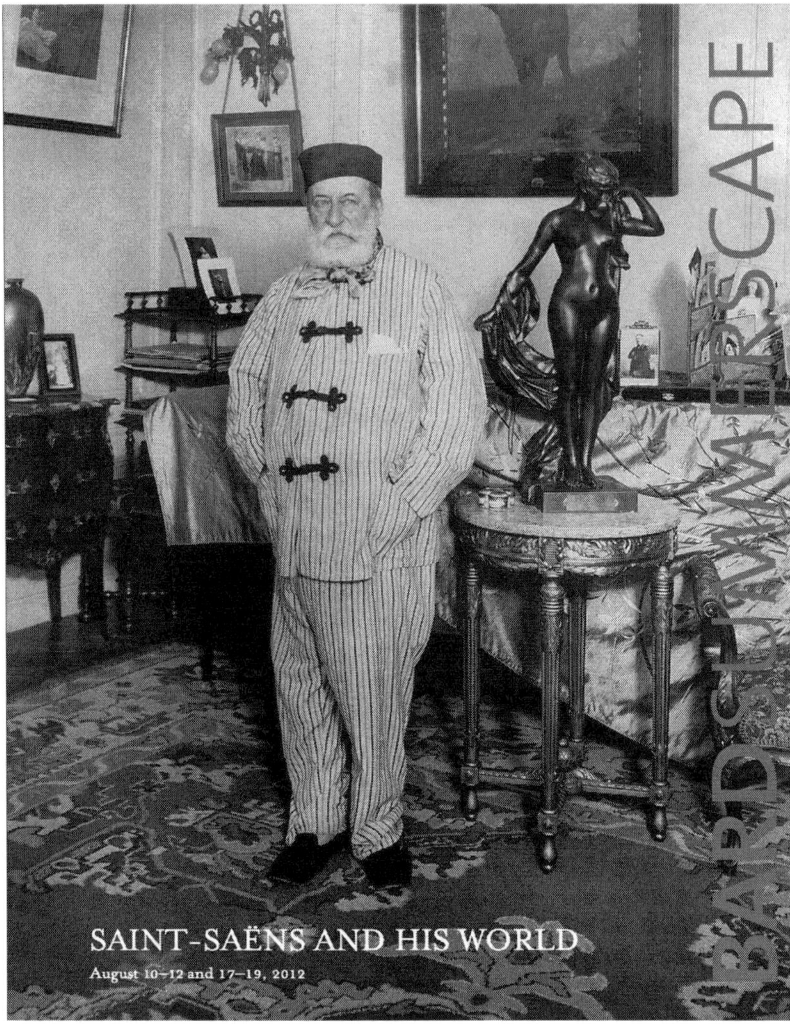

Plakat zum BardSummerscape 2012: *Saint-Saëns and His World*, Bard College, New York.
Knapp hinter dem Komponisten in nordafrikanischer (?) Hauskleidung ein verkleinerter Bronzeguss der *Phryne* von Pierre-Étienne Campagne. Die große Version (Marmor), heute im Musée de Dieppe, erschien magisch in der Schlussszene der Oper bei deren erster Inszenierung.

ten *Proserpine,* in Eigeninitative verfasst und wohl schon 1888 dem Komponisten vorgelegt.[53] Knapp fünf Jahre später greift Saint-Saëns zu. Auch die überwältigend schöne Phryne, die der Legende nach dem Praxiteles Modell für dessen Aphrodite von Knidos gestanden hatte, sehnt sich im Luxus ihrer Glitzerwelt nach wahrer, mit Geld nicht zu kaufender Liebe. Der von ihr noch uneingestanden geliebte heitere Luftikus Nicias, Neffe des ebenso habgierigen wie philiströsen Athener Archonten Dicéphile, der den Tugendwächter gibt (zu allem Überfluss ist er in alter Opera buffa-Tradition auch Nicias' Vormund), steht kurz vor der Pleite. Nichts also hat er zu bieten, was die echte Liebe der Hetäre kränken könnte. Gemeinsam legen sie den Onkel aufs Kreuz, der im zweiten Akt als Oberster des athenischen Magistrats die der Gotteslästerung angeklagte Phryné visitiert, von dieser aber in ihrem Boudoir in einen Taumel der Sinne getrieben wird, sodass er vor der auf magische Weise erscheinenden Statue Phrynes in Überspringung der Realitätsebenen zu deren Anbeter wird: der erstrahlende Marmor, das Fleisch, die Lust und die vergöttlichte Schönheit in heilloser Verwirrung. Die Scham bringt ihn dazu, das dem Neffen zustehende Vermögen herauszurücken. Freudiger Schlusschor.

Die Uraufführungskritik hat, wenn auch überrascht von der Verve des Werks, in *Phryné* eine Opéra comique *vieux style* erkennen wollen: konventioneller Einsatz umfangreicher gesprochener Dialoge; konzis-knackige Chöre zu Tanzrhythmen; knappe Konversations-Duette. Entgangen ist ihr die geistreiche Stil-Montage, eine Eklektik, die Saint-Saëns hier ein weiteres Mal virtuos zum Einsatz bringt. Alles steht ihm zu Gebot: das rhythmisch-pikante Couplet aus dem Fundus, der rossineske Buffo-Bass im Duett des Nicias mit Dicéphile, die flüssigen Konversationsszenen auf mittlerer Sprachhöhe, ein Operettenfinale à la Offenbach und schließlich sogar die Ballade, wenn auch überhöht zur magischen Apparitionsszene: Bevor sie den Tugendwächter hinters Licht führt, berichtet die koboldhafte Kurtisane von der Täuschung der Fischer am Meeresstrand, welche die aus den Wellen auftauchende Phryne für Aphrodite hielten und vor ihr auf die Knie sanken. In dieser das Genre transzendierenden Schlüsselszene, die das komische Dénouement präfiguriert, werden große Vorbilder zitiert: der Meereszauber von Berlioz' Septuor aus *Les Troyens* und der emphatische Ton (mit schwerem Blech) aus der tragischen Schlussszene von Gounods *Sapho,* hier ganz ins Wunderbare gewendet.

Aber nicht nur Proserpine dient der Phryné als Repoussoir für ihr satirisches Spiel. Die tolle Opéra comique entstand, und zwar in Windeseile, im Schatten einer dritten, gerade in Arbeit befindlichen Hetären-Oper, Massenets zehn Monate nach *Phryné* an der Opéra uraufgeführte *Thaïs*. Louis Gallet (häufig für beide Komponisten tätig) schrieb das Libretto, in dem auch ein leichtlebiger Nicias vorkommt, nach dem 1890 erschienenen gleichnamigen Erfolgsroman von Anatole France. Man kannte also das Projekt und wusste vorab von der Handlung. Die auf Massenets Rollen abonnierte flamboyante Amerikanerin Sibyl Sanderson wurde durch das geschickte Taktieren des ewigen Impresarios Léon Carvalho, zu diesem Zeitpunkt wieder einmal Direktor der Pariser Opéra-Comique, auch Saint-Saëns' Phryné, bis Massenet sie unter Druck setzte.[54] So erschien das Satyrspiel vor der Tragödie, das frivole vor dem tragischen Paar, Nicias/Phryné vor dem erotisch verquälten Mönch aus der thebaischen Wüste und der frömmelnden alexandrinischen Kurtisane, die ekstatisch im Frieden des Herrn stirbt. Wollte Saint-Saëns den ewigen Rivalen besänftigen, als er (nach einem schon sehr in die Saiten greifenden Gratulationsbrief) 1895 über den Schluss der Oper eine virtuose „Paraphrase de concert *La Mort de Thaïs*" schrieb, die als eine Hommage verstanden werden konnte? Immerhin widmete er sie nicht Massenet, sondern dessen Frau – um eine elegante Geste war er nie verlegen.[55]

Ein neuer Klassizismus

In ein seltsames Projekt ließ sich Saint-Saëns im Jahr 1900 widerstrebend hineinziehen: Ins römische Theater von Orange, in dem es schon seit mehreren Jahrzehnten Theater- und Opernproduktionen gegeben hatte, sollte mittels antiker Stücke oder jedenfalls antiker Sujets ein strengerer Geist einziehen. Kulturpolitisch-nationalistisch motiviert, sollte in der Konkurrenz mit den Arènes im okzitanischen Béziers (wo zwei Jahre zuvor Louis Gallets *Déjanire* mit der Schauspielmusik von Saint-Saëns aufgeführt worden war) ein französisches Bayreuth entstehen. Der umtriebige Stücke- und Libretti-Schreiber Victorien Sardou (Autor der für Sarah Bernhardt geschriebenen und später von Puccini vertonten *Tosca*) sprang auf diesen Zug auf und schlug ein Stück über den heroischen Abwehrkampf der gallo-römischen Bevölkerung von Orange gegen die vor-

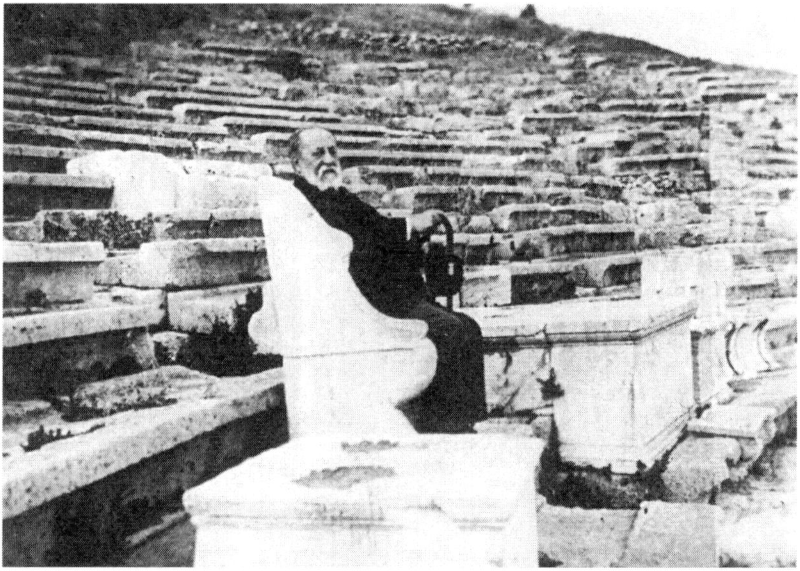

Unbekannter Fotograf, Camille Saint-Saëns auf seiner einzigen Griechenlandreise Mai 1920 im Dionysos-Theater der Akropolis von Athen (aus: Kat. *Saint-Saëns. Un esprit libre*, Paris 2021, 129). „Man erwarte von mir keine klugen Abhandlungen über die Akropolis: Allein die Architekten können angemessen darüber reden. Ich werde nur von einem unerwarteten heiligen Schrecken sprechen, der mich überwältigte, als ich mich dem Parthenon näherte. […] Und all dies wurde inspiriert durch und für die Göttin Pallas, die niemals existiert hat!" (Écrits*,* 1044*)*.

dringenden Barbaren aus dem Norden vor. Die Szene sollte das römische Theater selbst sein, in das sich in der Fiktion die Vestalinnen, geführt von der Vesta-Priesterin Floria, geflüchtet hatten. 300.000 Kimbern und Teutonen, im langatmigen, dem späteren Klavierauszug und der Partitur vorgeschalteten „Argument" kurzerhand als „Germains" zusammengefasst, haben mordbrennend die Stadt bereits erobert. In einem letzten Gefecht fällt einer der beiden die Provinz leitenden römischen Konsuln, und der Rachefuror von dessen Gattin Livie sorgt für den tragischen Ausgang des Werks: Der durch die Liebe zu Floria zivilisierte Barbarenfürst Marcomir, der inzwischen die Schonung der Bevölkerung und den Abzug seiner Truppen befohlen hat, fällt dem Anschlag der unbeugsame römische Gesinnung verkörpernden Witwe zum Opfer, als er mit seiner Braut Floria, die den antiken Göttern abgeschworen hat, die Stadt verlassen will: „je vais sous d'autres cieux; sa patrie est la mienne et ses dieux sont mes dieux" – „ich gehe unter einen anderen Himmel; seine Heimat und seine Götter sind die meinen". Diese Libretto-Partie stammt von Saint-Saëns, der auch im Übrigen stark und konfliktträchtig ins nur schubweise zu ihm gelangende Libretto eingriff.

Stéphane Leteuré hat 2014 in einer minutiösen Studie die politische Dimension des Stücks, die im durch den „Teutonen"-Einbruch von 1870/71 traumatisierten Frankreich für jedermann auf der Hand lag, analysiert.[56] Aber die kulturpolitische Pointe ist ihm entgangen: Ein „envahisseur" ist nicht nur Marcomir, sondern ebenso Wagner. Gounod hatte das Wort gebraucht, und Saint-Saëns hatte es genüsslich zitiert (oben S. 21). Beide sind nicht nur Invasoren, sondern auch Verführer, die ihre nordischen gegen die antiken, mediterranen Götter in Stellung bringen – Nebel gegen „clarté". So liest sich die Rache der Livie als eine viel grundsätzlichere.

Hat die lange Zeit zelebrierte Distanz des Komponisten zu diesem Projekt, das dann zu seiner Erleichterung schließlich nicht in Orange, sondern an der Pariser Opéra uraufgeführt wurde, in paradoxer Weise zu einem ebenso strengen wie leidenschaftlichen Werk geführt? Mit der antiquierten Gattungsbezeichnung „Tragédie lyrique" schließt er programmatisch an Gluck an (dessen *Iphigénie en Tauride* ein Jahr zuvor in Orange aufgeführt worden war), zudem an den von Johann Christoph Vogel, Étienne Nicolas Méhul und Luigi Cherubini formulierten Klassizismus der Austerität und Schroffheit. Hartnäckig wehrt er sich gegen jeden Vorschlag der Aufwattierung des knappen, stets auf dem dramatischen Punkt stehenden Werks. Zugleich nähert er sich auf eigenem Weg dem „Verführer" Wagner mit großen „durchkomponierten", tonal fluktuierenden Passagen – so vor allem im 17minütigen Duett Marcomir/Floria am Ende des zweiten Akts. Aber das bleibt immer strukturiert durch tonale „Ankerpunkte" an emotionalen Schlüsselstellen, wenn auch über den ganzen Quintenzirkel hinweg: Stationen zwischen c-moll, Des- und Ges-Dur (der traditionelle Bereich der großen Liebesduette), von Fis- bis zum finalen strahlenden A-Dur, mit dem die nordische Freia Vesta verdrängt. Am 26. Oktober 1901, drei Tage nach der Uraufführung, erklärt der Komponist im Brief an einen unbekannten Adressaten:

> [...] *Les Barbares* ne sont pas une œuvre *réactionnaire,* vous n'y trouverez pas les coupes anciennes, l'esclavage des formes traditionnelles imposés de force aux situations dramatiques; la musique se moule sur le drame, *en pleine liberté;* je n'ai pas fait machine en arrière, j'ai pris un embranchement; c'était mon droit.[57]

> [...] *Les Barbares* sind kein reaktionäres Werk. Sie werden darin nicht den alten Zuschnitt finden, die Sklaverei traditioneller Formen, die den dramatischen Situationen gewaltsam aufgezwungen werden; die Musik schmiegt sich dem Drama an, *in völliger Freiheit;* ich habe nicht den Rückwärtsgang eingelegt, sondern eine Abzweigung gewählt; das war mein gutes Recht.

Eine Abzweigung, ein anderer Weg: Hier taucht das Stichwort für eine eigene Ästhetik noch einmal auf.

Den Freiraum, den ihm Sardou am Schluss des Werkes, beim *pompe funèbre* für den gefallenen Konsul, eingeräumt hatte („hier könnte man einen Trauergesang der Livie einfügen"),[58] nutzte Saint-Saëns für einen die Zeit fast unendlich dehnenden Trauermarsch zur Schlusskatastrophe, der

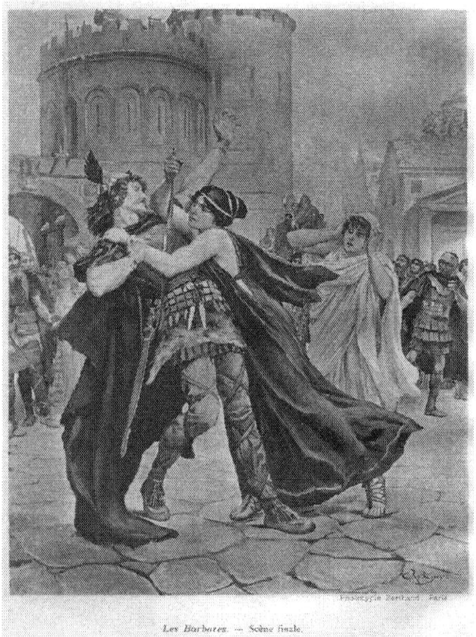

Les Barbares, Frontispiz: Schlussszene. Lithographie. Partition pour chant et piano réduite par Georges Marty, Durand et Fils, Paris 1901.

die großen Vorbilder von François-Joseph Gossecs revolutionärer *Marche lugubre* von 1790, der Totenbeschwörung in Berlioz' *Cléopâtre*-Kantate (die ja in den *Lélio* eingegangen war, dessen Klavierauszug er 1855 verfertigen durfte) bis hin zu Berlioz' „Cérémonie Funèbre" vor Didos Tod in *Les Troyens* in einer Schlussszene zusammenfasst – so, als sollte hier eine Gattung selbst ihr Ende finden. Samsons spektakuläres Tempelsturz-Finale, das mehr auf die Gewalt der Szene als der der Musik gestellt war, wird hier weit überboten.

Zweieinhalb Jahre später folgte dann in Monte Carlo ein Einakter aus sieben (spiegel-) symmetrisch disponierten und, gegenläufig, zugleich dramaturgisch präzise aufs Ende hin kalkulierten Szenen, für den ihm der monegassische Impresario Raoul Gunsbourg *carte blanche* gegeben hatte und für den der Komponist den Poème d'Opéra erstmalig selbst schrieb: *Hélène.*[59] Man durfte davon ein ästhetisches Statement jenseits aller sonst zum Metier gehörenden Kompromisse erwarten – befreite, ihrer selbst gewisse Form. Und kaum jemand unter den Zeitgenosssen dürfte bemerkt haben, dass Saint-Saëns hier auf Glucks seit fast einem Jahrhundert nicht mehr gespieltes fünfaktiges „Dramma per musica" *Paride ed Elena* von 1770 mit einem radikalen dramaturgischen Konzept reagierte.

Ein Jugendtraum sei damit Wirklichkeit geworden, schreibt er ein Jahr nach der Uraufführung: Helena als Opfer des Schicksals darzustellen, das ihr Venus mit ihrem Sieg beim Urteil des Paris auferlegt hat. Denn der holt sich nun den von der Göttin der Liebe versprochenen Preis, die schönste Frau in Sparta ab. „Das ist eine erhabene Figur, deren Fehler keinen Spott verdienen" – damit wendet Saint-Saëns sich gegen Offenbachs *Belle Hélène.* Sie erwecke vielmehr „eine Art heiligen Schreckens", wie ihn die Trojaner später angesichts von Hélènes Vorgeschichte verspürt haben müssen.[60] Charles Leconte de Lisle hatte mit seiner „Hélène" aus den *Poèmes antiques* wohl früh den Anstoß gegeben (da kannte Saint-Saëns Glucks Partitur sicher noch nicht), und Ernest Chausson hatte 1883/84 Lecontes Mimikry einer antiken Theaterszene an „durch die Finger gleitender Orchestersoße" zu zäher Deklamation anzurichten versucht. Von einer „bouillie insaisissable" spricht Saint-Saëns 1889, wenn er im kulturkritischen Entrée seines Grundsatztextes „Drame lyrique et Drame musical" vom Entwicklungsstand der dramatischen Musik spricht, der man „toute pondération, tout équilibre", „jeden Ausgleich der

Gewichtsverhältnisse“ genommen habe.[61] Enttäuscht wird er das später, 1913, auch von der *Pénélope* seines alten Schülers und Freundes Gabriel Fauré in signifikanten Windungen sagen:

> Je fais des efforts surhumains pour m'habituer à *Pénélope*, je ne puis arriver à cet état qui me permet de ne jamais se reposer dans aucun ton [...], des accords attendre vainement une résolution qui n'arrive jamais.[62]

> Ich unternehme unmenschliche Anstrengungen, mich an *Pénélope* zu gewöhnen, aber ich erreiche einfach den Zustand nicht, der es mir erlauben würde, auf jeden tonalen Ruhepunkt zu verzichten [...], die nie eintretende Auflösung von Akkorden hinzunehmen.

Und nicht ohne Sympathie referiert er noch 1920 Berlioz' Abneigung gegen Wagners *Tristan*: „Ces harmonies fuyantes, glissant les unes sur les autres, étaient contraires à la nature de Berlioz.“ – „Diese unbeständigen, ineinandergleitenden Harmonien waren Berlioz' Natur zuwider.“[63]

Hier, beim einstündigen „Poème lyrique“ *Hélène* war nun Transparenz und Konturschärfe der Harmonik und zugleich der übrigen Parameter als Gegenentwurf zum grassierenden Wagnérisme (und jetzt auch, unter modifizierten Vorzeichen, zu Debussy) programmatisch noch einmal zu behaupten. Die klassizistische Dialektik von Ordnung und Ordnungsbrechung als Voraussetzung für eine andere Moderne war neu zu etablieren. Aus der verpuppten Tragédie lyrique sollte ein neuer Schmetterling schlüpfen. Und schließlich sollte ein großer (Frauen-)Monolog des Schwankens und der Schicksalsverfallenheit im bisher gescheuten Paragone mit den Dido-Szenen im 5. Akt von *Les Troyens* geschrieben werden. – Ein Fest zugunsten des inzwischen angelangten Paris wird nur in Abbreviaturen und hinter der Bühne gegeben. Elf Minuten dauert sodann Hélènes erste Szene auf einer Felsenklippe, auf der sie abseits des Fests längst schon stand und von der sie sich, um ihrem Schicksal als Trophäe zu entgehen, am Ende ins Meer stürzen will. Aber von der aus den Fluten auftauchenden Venus und ihrem Gefolge wird sie mit beschwörendem Zauber schließlich daran gehindert. Alle Gefühlsstadien durchmisst sie in variabler Deklamation, flüssig vom einfachen Rezitativ über dramatische Accompagnato-Partien bis zu ariosen Momenten. Dabei bleiben weite Felder – ohne Vorzeichen – tonal offen. Immer wie-

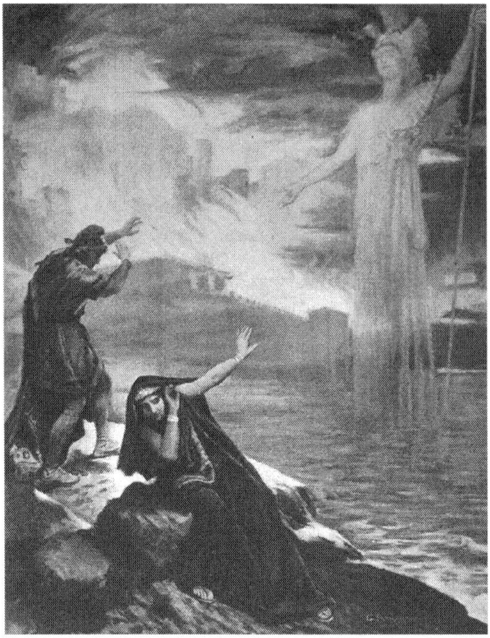

Hélène, Frontispiz: Apparition der Pallas Athene. Lithographie. Partition, Durand & Fils, Paris 1904 (aus: *Musica*, April 1904).
„Voici, Dévorant les palais et les tours, l'incendie; Et voici le carnage horrible" – „Seht, wie die Feuersbrunst Paläste und Türme verschlingt; und seht das grauenvolle Gemetzel!"

der aber wird die Struktur, anders als in Wagners Alterationsharmonik, durch tonale Stützpunkte befestigt. So sieht „Ponderation", die klassische Bildhauer-Kategorie, aus. Ein progressiver Klassizismus von höchster Intensität ist das Resultat.

Ihrem Schicksal ergibt sich Hélène erst nach der Apparition von Pallas Athene, einer der Verliererinnen beim Paris-Urteil, die den beiden Protagonisten menetekelhaft eine Vision des brennenden Troja beschert. In Paris' hochfahrender Gleichgültigkeit gegenüber der Zukunft von Vater, Mutter und der ganzen Heimatstadt glaubt sie plötzlich, die wahre, alles aufopfernde Liebe zu erkennen – eine bestürzende Wendung des Pessimisten Saint-Saëns, ein anderer heiliger Schrecken, der nicht anders als politisch gelesen werden kann. Eine solche Frivolität hatte es in Raniero de' Calzabigis Libretto für Glucks *Paride ed Elena* an keiner Stelle gegeben.

1919, nach dem inzwischen beendeten Ersten Weltkrieg, formuliert der weitgereiste, universal gebildete Künstler, der leidenschaftliche Astronom, Botaniker, Archäologe und Historiker Saint-Saëns an unerwarteter Stelle (in seiner polemischen Broschüre über Vincent d'Indys *Cours de composition musicale*) eine pessimistische Diagnose des Weltlaufs, die von erschütternder Aktualität ist: „Wohin auch immer unsere Zivilisation ihre Fangarme ausstreckt, verkümmert alles und stirbt ab. [...] Selbst die wunderbaren Hervorbringungen der Natur sind bedroht: Massakrierte Tierarten verschwinden für immer, tausendjährige Wälder werden zerstört [...]. Das Gebot, auf das man so viel vergebliche Hoffnung gesetzt hat: ‚Liebet einander', verblasst vor jenem anderen, das so alt ist wie die Welt und das fordert: ‚Vernichtet Euch gegenseitig'. Dieser Krieg, so sagt man, wird der letzte gewesen sein. Und wenn nicht? Wenn in 50 Jahren ein neuer kommt, der das für den letzten sein wird, was dieser für den vorletzten war? Wenn die Wissenschaft, von ihrem eigentlichen Ziel abgelenkt, den Menschen zerstörerische Werkzeuge an die Hand gibt, die es ermöglichen, ganze Städte verschwinden zu lassen, als wären sie ein bloßer Traum gewesen? Wenn die Menschheit dazu bestimmt wäre, sich selbst zu vernichten, nachdem sie alles andere vernichtet hat?"[64] – In bewährter dramaturgischer Ökonomie lässt der Komponist Helena und Paris ganz schnell abfahren. Zu wenigen Takten einer emphatischen Musik („con somma passione" notiert paradox der Komponist der Distanz) singen sie noch kurz aus der Kulisse, während man ein frohgemut nach dem todgeweihten Troja segelndes Schiff am Horizont erblickt. Die Botschaft ist klar: Im Egoismus und in der Leichtfertigkeit liegt der größte Schrecken.

Distanz und Nähe

„Eine hochmütige Gleichgültigkeit gegenüber persönlichen Empfindungen" (womit ihn Maurice Emmanuel charakterisierte, oben S. 16), damit sind Saint-Saëns und sein Kunstkonzept trotz allem Anschein nicht vollständig begriffen. Allein schon sein Einsatz für Ernest Guiraud und dessen *Frédégonde* zeigt eine andere Facette. Der Achtzigjährige aber hat uns eine singuläre, unerwartet aufblitzende autobiographische Szene hinterlassen, die einen tiefen Durchblick gewährt. Mitten im Ersten Weltkrieg, am 16. Februar 1916, erscheint unter der Überschrift „Croquis de guerre" – „Kriegsskizzen" in der Tageszeitung *Le Temps* ein Gespräch mit dem Komponisten. Anlass ist die Übergabe der Partitur seiner Kantate

Étienne-Prosper Berne-Bellecour, Henri Regnault gegen Ende der 1860er Jahre, Fotografie aus dem Atelier Helios, Paris (Privatsammlung).

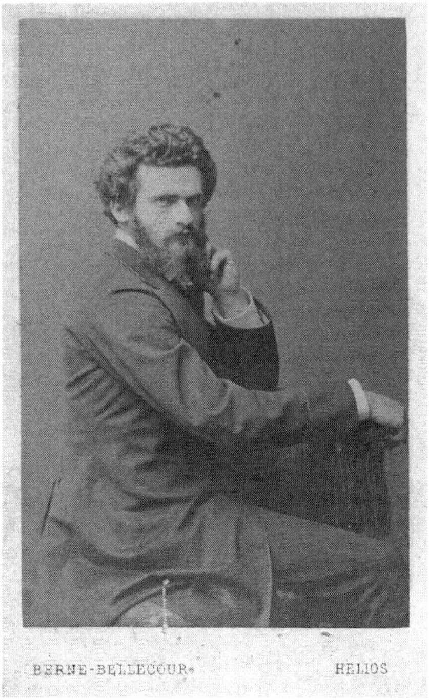

Chant de guerre vom November 1870, also aus den Monaten der Belagerung von Paris durch die Deutschen, an das Pariser Stadtgeschichtliche Museum, das *Musée Carnavalet.* Alte Kriegserinnerungen lockte der Gesprächspartner, der Maler und Kurator des Museums Georges Cain, aus dem Komponisten heraus. In der Zeitung werden sie umgeben sein von kleineren Berichten über das aktuelle Kriegsgeschehen, so beispielsweise über die vermeintliche Sichtung eines feindlichen Zeppelins (zweifellos eines deutschen) über Rouen.

Saint-Saëns spricht bereitwillig über seinen Dienst bei der Mobilgarde, die Nähe des Feindes, die schreckliche Kälte des Januar 1871, die die Bärte vereisen ließ, das improvisierte abendliche Pot-au-feu aus Pferdefleisch. Der Musiker erinnert sich jedoch auch an „das jammernde Geheul der Kugeln, das Knattern der Gewehre unterschiedlichen Kalibers und die jaulenden Variationen der Granaten." Dann aber bricht er aus der pittoresken Szenerie endgültig aus:

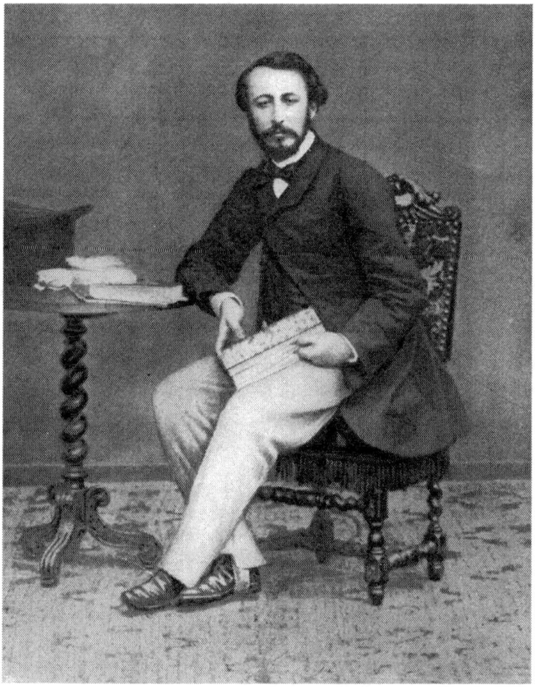

Unbekannter Fotograf, Camille Saint-Saëns zu Anfang der 1860er Jahre (aus: *Musica* 72, September 1908).

Le 19 janvier 1871, à la nuit tombante, j'eus une sorte de pressentiment fatal. Nous fumions tranquillement notre pipe, quand soudain, une idée musicale douloureuse me traversa le cerveau comme une flêche, sans la moindre raison apparente. J'ai su depuis que c'était à l'instant précis où mon ami Henri Regnault tombait devant la ferme de Buzenval, mortellement frappé d'une balle prussienne. Cette idée est devenue la phrase de début de mon *Requiem*. Pauvre Henri Regnault! Il avait une voix ravissante. Avec quel art il disait le „Cimetière" de mes *Mélodies persanes*. – „Aujourd'hui les roses, demain les cyprès ..."[65]

Am 19. Januar, bei einbrechender Nacht, hatte ich eine Art schicksalhafter Vorahnung. Wir rauchten in aller Ruhe unsere Pfeife, als mir, ganz plötzlich, eine schmerzhafte musikalische Idee blitzartig durchs Hirn schoss, ganz ohne einen offensichtlichen Grund. Ich erfuhr danach, dass das genau der Augenblick war, an dem mein Freund Henri Regnault vor

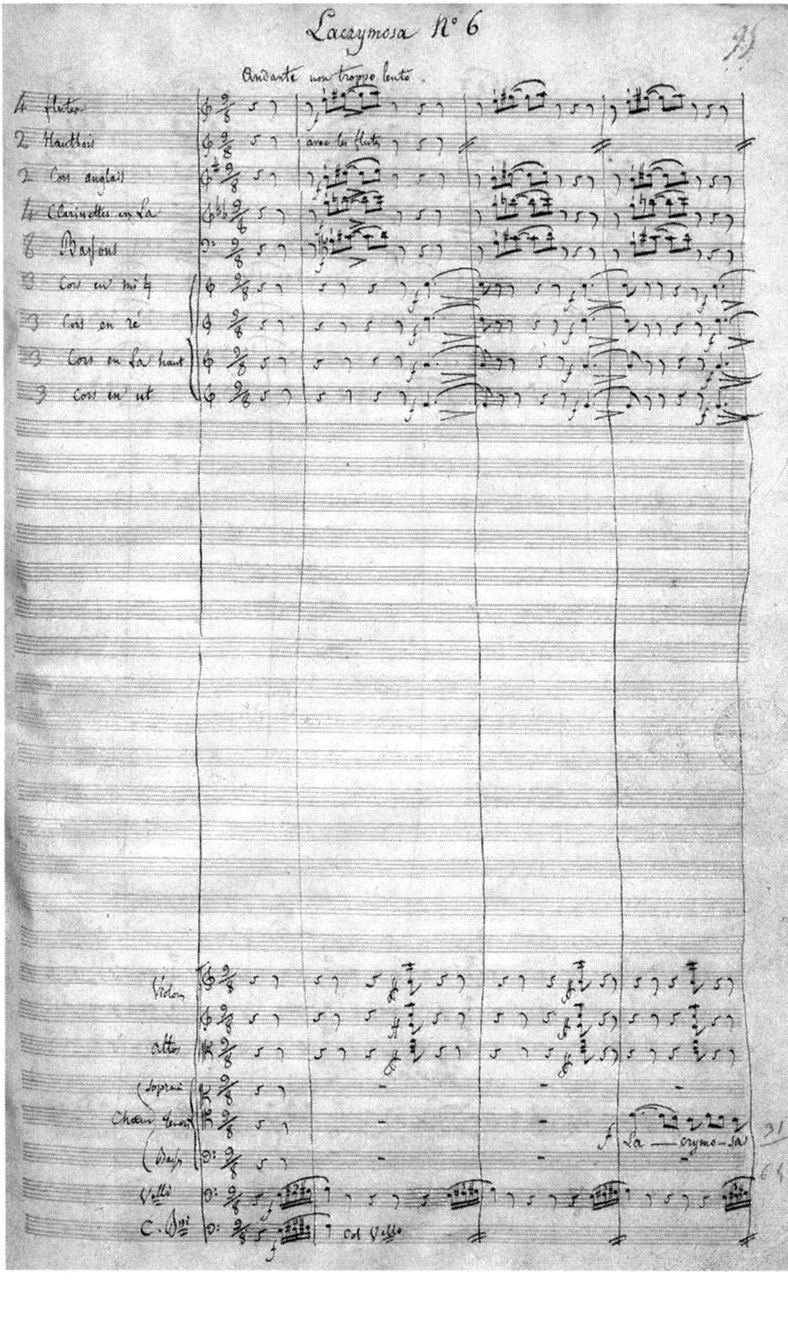
Lacrymosa N° 6
Andante non troppo lento
4 flûtes
2 Hautbois
2 Cors anglais
4 Clarinettes en La
8 Bassons
Cors en ré
Cors en ut
avec les flûtes
Violons
altos
Soprani
Choeur
Basses
La — crymo-sa
Col Vcelli

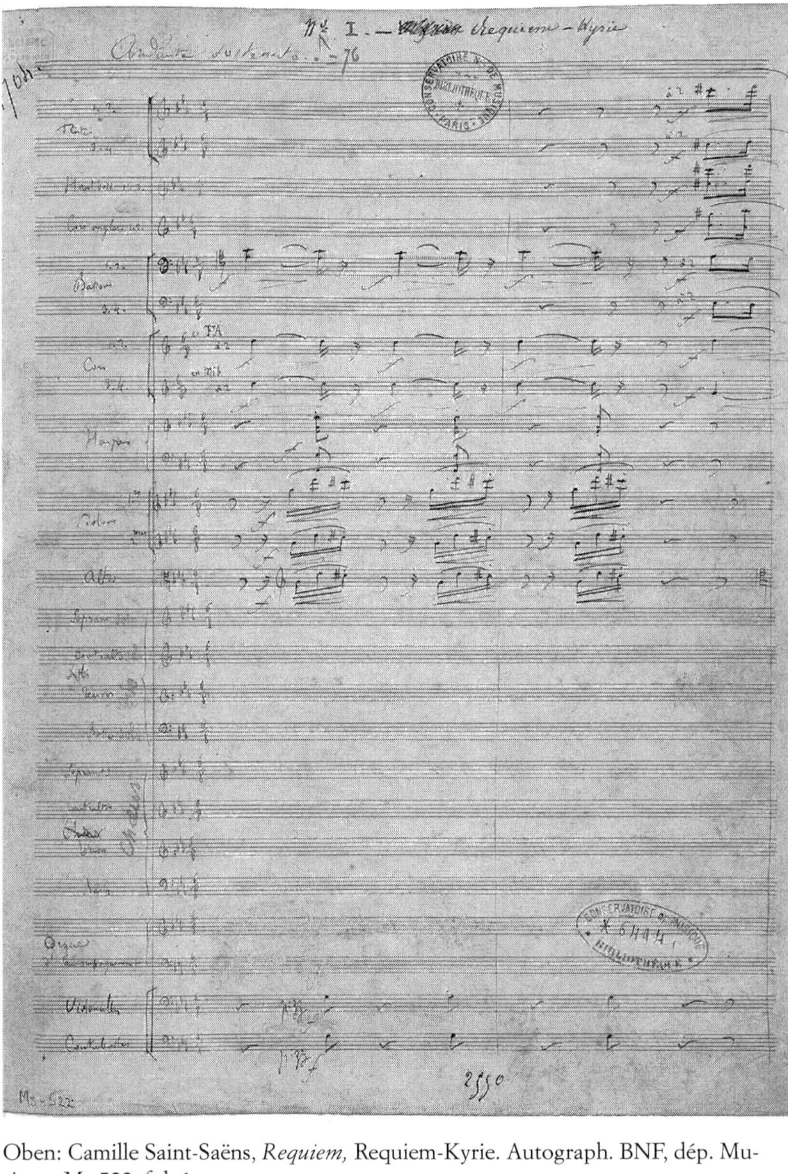

Oben: Camille Saint-Saëns, *Requiem,* Requiem-Kyrie. Autograph. BNF, dép. Musique, Ms-522, fol. 1.

Linke Seite: Hector Berlioz, *Grande messe des morts*, Lacrymosa. Autograph. BNF, dép. Musique, MS-1509, fol. 95.

dem Gutshof von Buzenval fiel, von einer Preußischen Kugel getroffen. Diese Idee ist zur Anfangsphrase meines *Requiem* geworden. Armer Henri Regnault! Er hatte eine hinreißende Stimme. Mit welcher Kunst er den „Cimetière“ aus meinen *Mélodies persanes* sang! – „Heute die Rosen, morgen die Zypressen…“

Im Kreis von jungen hoch ambitionierten Malern, Dichtern und Musikern (die Orientalmaler Georges Clairin und Charles Emmanuel Jadin gehörten dazu; die Schriftsteller Henri Cazalis, Armand Renaud und Auguste de Villiers de L'Isle-Adam; Saint-Saëns und die von allen umschwärmte Komponistin Augusta Holmès) – in dieser peer group der 60er Jahre spielte eine extreme Künstlerfigur die zentrale Rolle: der ebenso als Maler wie als ausgebildeter Sänger brillierende, rastlos reisende, jede Herausforderung ergreifende Rompreisträger Henri Regnault. Mit Saint-Saëns muss er sich in einer herausragenden dynamischen Konstellation aus anziehender und abstoßender wilder Fremdheit befunden haben. Im Freundeskreis sang er 1870, nachdem er aus Rom zum freiwilligen Kriegsdienst geeilt war, Armand Renauds und Saint-Saëns' in diesem Jahr entstandene *Mélodies persanes.* Dem unerschrockenen Soldaten widmete der Komponist die vierte *Mélodie*, „Sabre en main“, deren Text – und das schien die Ästhetik der „Parnassiens“ zu überschreiten – von wilden Größenfantasien handelt. Wie Regnault vor dem Aufbruch zum Dienst, das Gewehr schon in der Hand, noch ein paar Retuschen an einem seiner letzten Aquarelle vornahm und plötzlich einen Löwenkopf hervorzauberte, wird der faszinierte Saint-Saëns später mehrfach in Erinnerung rufen.[66] Ähnlich fasziniert muss er von Anton Rubinstein gewesen sein: eine strukturhomologe Konstellation, aber nicht von der selben Tragweite.

Zur Legende, von den Freunden immer wieder erzählt, aber wurde Regnaults Interpretation der fünften *Mélodie*, „Au cimetière“, die er vor seinem Aufbruch zum letzten Abwehrkampf im Pariser Vorort Buzenval bei Saint-Cloud noch sang. Dort wurde der 27jährige, obwohl schon zum Rückzug geblasen war, von einer der letzten preußischen Kugeln niedergestreckt. Er hatte, wie sein Freund und Mitkämpfer Georges Clairin berichtet, tollkühn noch seine letzten Patronen verschießen wollen. „Au cimetière“ endet mit den Versen „Heute die Rosen, morgen die Zypressen“ – die Totenbäume. Saint-Saëns wird die *Mélodie* beim Totengottesdienst in Saint-Augustin zur Elevation auf der Orgel spielen, ebenso die aus seinem *Chant de guerre* herausgelöste *Marche heroïque,* die er bei dieser Gelegenheit dem Andenken Regnaults widmet. Zahlreiche Broschüren, Gedenkfeiern und Monumente sollten in den Folgejahrzehnten Regnault zu einem Tugendhelden der Dritten Republik stilisieren. Frédéric Louis Levés *Mort d'Henri Regnault (Buzenval 19 janvier 1871)* wurde 1910 im Salon des artistes français gezeigt. Die Erinnerung war auch da noch nicht verblasst.

Die wie ein Blitz in die Stille nach dem Kampflärm einschlagende musikalische Idee ist ein Dreitonmotiv von scharfer Prägnanz, wie wir es in *Henry VIII* und in *Proserpine* kennengelernt haben. 1878 erscheint es tatsächlich am Anfang und am Ende des ersten Satzes, und noch einmal am Beginn des letzten von Saint-Saëns' *Requiem,* das zum Jahrgedächtnis eines anderen Freundes und Gönners, Albert de Libon, dessen Vermächtnis für seine Befreiung vom Organisten-Frondienst an der Madeleine bestimmt war, entstand. Ein letzter Versuch, den todkranken Freund zu besuchen, war gescheitert. Verbunden aber ist das Requiem auch mit einer dritten Freundesgestalt: mit Hector Berlioz und dem „Lacrymosa" aus dessen *Grande messe des morts.* Gegen die kolossalen Dimensionen des Werks, an dessen Aufführung im Mai 1850 in Saint-Eustache unter Berlioz' eigener Leitung Saint-Saëns eine unauslöschliche Jugenderinnerung bewahrte („die ganze Kirche schien eine Riesenorgel zu sein"),[67] war die eigene Ökonomie zu setzen – im Großen ohnehin, aber auch in der Kontraktion der Motivpartikel, die in Berlioz' im Neunachteltakt stehenden „Lacrymosa" wie in einer Farbmelodie die synthetische Gesamtgestalt des Themas bilden: Aus auftaktiger Sechzehntel-Triole der tiefen Streicher, synkopischem Dreiton-Motiv der Holzbläser (f-gis-a, in der Folge variabel bis zu einem Sext-Sprung mit fallender Sekund), wie ein Beilschlag direkt folgendem Achtel-Streicherakkord in a-moll und dem nahtlos anschließenden Fall der Hörner in die vier Achtel lang gehaltene Dominant wird bei Saint-Saëns ein Sechsachteltakt. Das Berlioz'sche Ende, der gehaltene Hornton, wird (als Terz es-g) zum ostinat wiederholten Anfang (sinister eingefärbt durch die Fagotte). Ins durch Chromatik geschärfte Dreiton-Motiv der hohen Streicher (g-d-cis) schneidet der „Beilschlag" (vier Harfen, Streicherbässe) mitten hinein: Aus Berlioz' eineinviertel Takten ist ein halber geworden. Starre, kaum eine Intervallvariante.

Schneidende Erinnerungen: Knapp zwei Jahre vor Henri Regnault war der „Grand homme“ gestorben. Von seinem letzten Besuch bei Berlioz hat Saint-Saëns erstmalig 1903, in dessen 100. Geburtsjahr, eine erschütternde Geschichte erzählt: „Meine letzte Begegnung mit ihm war grausam“. Seine vom winterlichen Fußweg her eiskalte Hand reichte er dem Todkranken nur widerstrebend:

> [...] cette main glacée pensais-je, lui semblera celle de la mort. „Je le veux“, me dit-il. J'obéis. Je ne m'étais pas trompé; il poussa un cri douloureux, se retourna vers le mur et ne me parla plus.[68]

> [...] diese eiskalte Hand, dachte ich, wird ihm wie die Hand des Todes erscheinen. „Ich will es“, sagte er zu mir. Ich gehorchte. Ich hatte mich nicht getäuscht; er stieß einen Schmerzensschrei aus, wandte sich gegen die Wand und sprach nicht mehr mit mir.

„Wie die Hand des Todes“: Man denkt unvermeidlich an die eiskalte Hand des Komturs in *Don Giovanni*, die den Titelhelden schmerzlich aufschreien lässt. Alle drei Male – bei Libon, Regnault und Berlioz – blieb es Saint-Saëns versagt, beim Tod des Freundes gegenwärtig zu sein.

In der autobiographischen Szene, die der Achtzigjährige 1916, mitten im Ersten Weltkrieg, in schlagartig aufleuchtender Erinnerung formuliert, türmen sich Wegmarken aus einem ganzen Menschenleben auf und schießen kaum auflösbar zusammen: zwei Kriege; Enthusiasmus und Sturz seines *alter ego* Regnault, des letzten Romantikers auf eigene Rechnung; der ewig schmerzhaft bleibende Tod der Freunde als unheilbarer Bruch; Eiseskälte und jäher Schreck; die blitzartig sich einstellende musikalische Idee, die Berlioz mit dem Thema seines „Lacrymosa“ induziert hatte. Letztere ist die nicht explizit ausgesprochene, entfernteste aller Wegmarken – und zugleich die am stärksten präsente. In Saint-Saëns' eigenem *Requiem* bleibt sie als komprimiertes und starres Zeichen gegenwärtig. Eine neue Ästhetik der Form und der Selbstbeherrschung in Kunst und Leben war in Hellsichtigkeit und Präzision zu formulieren. Auf diesen Weg der Aneignung und Abstoßung blickt er 1916 zurück. Sein Gesprächspartner Georges Cain, der davon nichts ahnen konnte, hatte den Stein ins Rollen gebracht – und uns einen Schlüssel zum tieferen Verständnis für den stets sich verbergenden, immer flüchtigen Künstler gegeben.

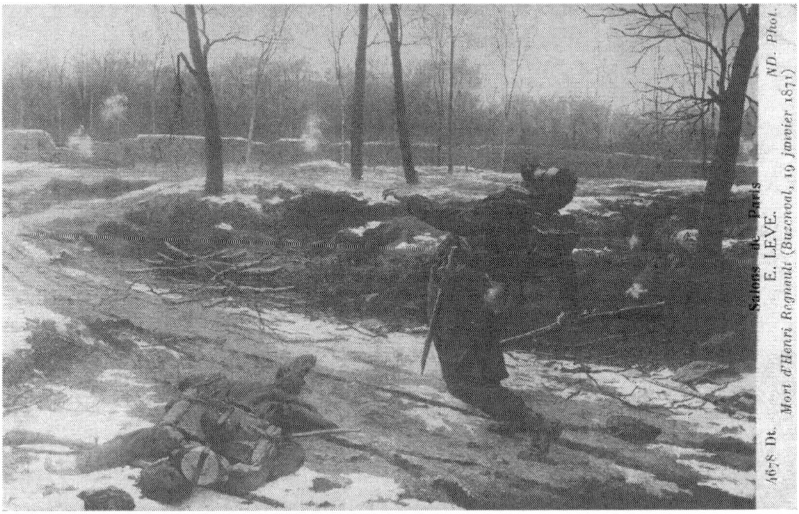

Frédéric Louis Levé, *Mort d'Henri Regnault (Buzenval 19 janvier 1871)*. Öl/Lw., Salon des artistes français 1910. Postkarte.

Anmerkungen

Der vorliegende Text erweitert um ein Mehrfaches meinen anlässlich des Saint-Saëns-Jubiläums 2021 im Jahrbuch der Zeitschrift *Opernwelt* erschienenen Essay „Un Parnassien de musique" und schärft dessen Thesen.

1 Lassus, 162.
2 Leteuré 2017.
3 Proust, 385.
4 Écrits, 326, 579, 1067.
5 Écrits, 1066 ff.; Corr. Rouché, 153 f.
6 Écrits, 324.
7 Rees, 92.
8 Vente Drouot, 20 novembre 2020, lot 1196.
9 Zit. nach Massip, 55, 54. – Zum Problemkomplex auch Campos und Burleson.
10 Kalkbrenner, Méthode pour apprendre le Piano à l'aide du Guide-Mains, Paris 1801, zahlr. Auflagen.
11 Écrits, 791.
12 Reminiszenzen, 68 f.
13 Lettres, Nr. 498, 571.
14 https://www.youtube.com/watch?v=4SEY6AK7RDs
15 Proust, 382 f.
16 Poèmes antiques, Préface, Paris 1852.
17 Zit. nach M.-G. Soret, „Saint-Saëns classique et moderne?", bruzanemediabase.com.
18 Berlioz CG, VI, Nr. 2480, 125.
19 Neue Freie Presse, 2.4.1876.
20 Écrits, 344.
21 Corr. Fauré, 21.
22 Écrits, 326 f.
23 Brief vom 9. April 1888, Bibliothèque musicale La Grange-Fleuret, Coll. Saint-Saëns/Durand. Zit. auch bei Huebner, 225 f.
24 Malherbe, 95.
25 Berlioz CG, VII, Nr. 3083, 369; auch Nr. 3082, 368.
26 Hippeau, 20.
27 Écrits, 473. – Charles Gounod, Le Don Juan de Mozart, Paris 1890.
28 Écrits, 914.
29 Écrits, 164.
30 Brief vom 11.1.1829 an Edouard Rocher, CG, I, Nr. 111, 229. Hierzu Kohrs 2021, 263.

31 Écrits, 165 f. Der heute kulturpolitisch kontroverse Begriff der Assimilation, mit dem hier freie Aneignung durch aktive künstlerische Verarbeitung gemeint ist, noch öfter, so in Écrits, 449.
32 Écrits, 655.
33 Cosima Wagner, Tagebücher, I, 259-263.; zu Bülow: Studd, 79 f.
34 Kohrs 2011, 28 u. passim; Rushton.
35 Destranges.
36 Hippeau, 45.
37 Écrits, 353 ff.
38 Teller Ratner, 167.
39 Hier z. B. vermisst Macdonald, 173, die große Selbstaussprache.
40 Écrits, 571.
41 Écrits, 358.
42 Écrits, 356. Die Selbstzuschreibung „éclectique“ auch in Écrits, 231 u. 1018.
43 Écrits, 831.
44 Trojahn, 164.
45 Hippeau, 17.
46 Écrits, 683, Anm. 14.
47 Écrits, 483.
48 Écrits, 689.
49 CD: The Piano G & Ts, Vol. 3, Appian Publications & Recordings (APR 5533); zum Werkbeginn auch Stegemann 1984, 55 f., 63 f.
50 Proust, 385 f.
51 Écrits, 570 f.
52 Vente Drouot, wie Anm. 8.
53 Bonnerot, 150; die Entstehungsgeschichte, novellistisch aufbereitet, in Lassus, 162-188.
54 Catalogue, II, 234 f.
55 Catalogue, I, 476 f.; hierzu, naiver, Branger.
56 Leteuré 2014, 99-110.
57 Catalogue, II, 263 (zit. nach Marc Pincherle, Musiciens peints par eux-mêmes, Paris 1939, 156).
58 Catalogue, II, 260.
59 Écrits, 1029.
60 Écrits, 612.
61 Écrits, 417.
62 Corr. Fauré, 26; dazu auch Rees, 401 f.
63 Écrits, 1041.
64 Écrits, 998.
65 Écrits, 944 f.
66 Écrits, 581, 714.
67 Écrits, 579.
68 Écrits, 577.

Literatur

Berlioz CG: Berlioz, Hector, *Correspondance générale,* vol. I-VIII, hg. v. Pierre Citron, Paris 1972-2003.

Bonnerot: Bonnerot, Jean, *C. Saint-Saëns (1835-1921). Sa Vie et son* Œuvre. Nouvelle Édition revue et augmentée, Paris 1923.

Branger: Branger, Jean Christophe, „Rivals and Friends: Saint-Saëns, Massenet and *Thaïs*", in: Jann Pasler (Hg.), *Camille Saint-Saëns and his World,* Princeton 2012, 33-47.

Burleson: Burleson, Geoffrey, „Saint-Saëns, Proto-Impressionism, and *‚jeu perlé'*", in: Michael Stegemann (Hg.), *The Many Faces of Camille Saint-Saëns*, Turnhout 2018, 213-225.

Campos: Campos, Rémy, „Camille Saint-Saëns' Piano Technique. A Retrospectively Constituted Object?", in: Michael Stegemann (Hg.), *The Many Faces of Camille Saint-Saëns*, Turnhout 2018, 189-212.

Catalogue: Teller Ratner, Sabine, *Camille Saint-Saëns 1835-1921. A Thematic Catalogue of his Complete Works*, Vol. I: *The Instrumental Works*, Oxford 2002; Vol. II: *The Dramatic Works*, Oxford 2012.

Corr. Fauré: Camille Saint-Saëns & Gabriel Fauré. Correspondance (1862-1920), hg. v. Jean Michel Nectoux, Paris 1994.

Corr. Rouché: *Camille Saint-Saëns – Jacques Rouché. Correspondance (1813-1921)*, hg. v. Marie-Gabrielle Soret, Arles 2016.

Destranges: Destranges, Étienne, *Une Partition méconnue: Proserpine de Camille Saint-Saëns. Étude analytique*, Paris 1895.

Écrits: Camille Saint-Saëns. Écrits *sur la Musique et les Musiciens*, hg. v. Marie-Gabrielle Soret, Paris 2012.

Hippeau: Hippeau, Edmond, *Henry VIII et l'opéra français. Étude sur Camille Saint-Saëns et sur un essai de style nouveau dans le drame lyrique*, Paris 1883.

Huebner: Huebner, Stephen, *French Opera at the Fin de Siècle. Wagnerism, Nationalism, and Style*, Oxford 1999.

Kohrs 2011: Kohrs, Klaus Heinrich, *Hector Berlioz'* Les Troyens. *Ein Dialog mit Vergil,* Frankfurt a. M./Basel 2011.

Kohrs 2021: Kohrs, Klaus Heinrich, „‚Elle parle… ô merveille!' – Hector Berlioz und das *genre instrumental expressif*", in: Jürgen Stolzenberg (Hg.),

Ausdruck in der Musik. Theorien und Formationen, München 2021, 260-286.

Lassus: Augé de Lassus, Lucien, *Saint-Saëns*, Paris 1914.

Leteuré 2014: Leteuré, Stéphane, *Camille Saint-Saëns et la Politique de 1870 à 1921. Le Drapeau et la Lyre*, Paris 2014.

Leteuré 2017: Leteuré, Stéphane, *Camille Saint-Saëns. Le compositeur globe-trotter (1857-1921)*, Arles 2017.

Lettres: *Lettres de compositeurs à Camille Saint-Saëns*, hg. v. Eurydice Jousse/Yves Gérard, Lyon 2009.

Macdonald: Macdonald, Hugh, *Saint-Saëns and the Stage. Operas, Plays, Pageants, a Ballet and a Film,* Cambridge 2019.

Malherbe: Malherbe, Charles, *Notice sur Ascanio, Opéra de Camille Saint-Saëns*, Paris 1890.

Massip: Massip, Catherine, „Saint-Saëns interprète: le repertoire pour piano", in: Société Camille Saint-Saëns (Hg.), *Cahiers Saint-Saëns,* vol. 2, Paris 2021, 51-72.

Proust: Proust, Marcel, *Contre Sainte-Beuve, précédé de Pastiches et mélanges et suivi de Essais et articles,* hg. v. Pierre Clarac, Paris 1971.

Rees: Rees, Brian, *Camille Saint-Saëns. A Life*, London 2008.

Reminiszenzen: Camille Saint-Saëns, *Musikalische Reminiszenzen*, hg. v. Rainer Zimmermann, übers. v. Eva Zimmermann, Leipzig 1978.

Rushton: Rushton, Julian, „The Overture to *Les Troyens*", in: *Music Analysis* 4, Nr. 1/2, 1985, 119-144.

Stegemann 1984: Stegemann, Michael, *Camille Saint-Saëns und das französische Solokonzert von 1850 bis 1920*, Mainz u. a. 1984.

Studd: Studd, Stephen, *Saint-Saëns, a Critical Biography*, London 1999.

Cosima Wagner, Tagebücher: Wagner, Cosima, *Die Tagebücher I-IV*, hg. v. Martin Gregor Dellin/Dietrich Mack, München/Zürich 1982.

Teller Ratner: Teller Ratner, Sabine, „Saint-Saëns in England. His *Organ Symphony*", in: Jann Pasler (Hg.), *Camille Saint-Saëns and his World,* Princeton 2012, 61-172.

Trojahn: Trojahn, Manfred, *Schriften zur Musik*, hg. v. Hans-Joachim Wagner, Frankfurt a.M./Basel 2006, darin: „Illyrien, mein umbrisches Neapel", 162-168.

Cover: Gustave Jean Jacquet,
Camille Saint-Saëns als Fünfunddreißigjähriger, 1870.
Öl/Lw., Musée de Dieppe.

Impressum
Dieses Buch erscheint als Band 26
der Reihe Caprices
Wolke Verlag 2023

Gestaltungen:
Judith Zimmermann, Offenbach
Friedwalt Donner, Alonissos
ISBN 978-3-95593-326-5